rowohlts monographien
begründet von Kurt Kusenberg
herausgegeben
von Wolfgang Müller

Gabriel García Márquez

mit Selbstzeugnissen
und Bilddokumenten
dargestellt von
Dagmar Ploetz

Rowohlt

Dieser Band wurde eigens für «rowohlts monographien» geschrieben
Den Anhang besorgte die Autorin
Herausgeber: Wolfgang Müller
Redaktion: Uwe Naumann
Redaktionsassistenz: Katrin Finkemeier
Umschlaggestaltung: Walter Hellmann
Vorderseite: Gabriel García Márquez. Um 1980
(Foto: Jordi Socías)
Rückseite: Bahnhof der Savanna, Bogotá, 1920
(Foto: Henri Duperly)

Veröffentlicht im Rowohlt Taschenbuch Verlag GmbH,
Reinbek bei Hamburg, März 1992
Copyright © 1992 by Rowohlt Taschenbuch Verlag GmbH,
Reinbek bei Hamburg
Alle Rechte an dieser Ausgabe vorbehalten
Satz Times PostScript Linotype Library, PM 4.0
Langosch Grafik+DTP, Hamburg
Gesamtherstellung Clausen & Bosse, Leck
Printed in Germany
1080-ISBN 3 499 50461 8

Inhalt

Einleitung 7

Jugend und Frühwerk 9
Kindheit in Aracataca und Barranquilla (1927–1943) / Internat, Universität und erste Erzählungen (1943–1948) / Der Student als Journalist (1948/49) / Barranquilla – Die Entdeckung des Lebens (1950–1953) / Laubsturm / Den Mythen auf der Spur (1952–1954) / Filmkritik und Reportagen in Bogotá (1954/55)

Die langen Jahre bis zum Durchbruch 47
Ein Lateinamerikaner in Paris (1955–1957) / Der Oberst hat niemand, der ihm schreibt / Ausflüge in den Sozialismus (1957) / Caracas, Kuba, Bogotá, New York (1958–1961) / Von der Schaffenskrise zum großen Sprung (1961–1966) / Hundert Jahre Einsamkeit

Literatur und Politik 78
Ruhm und «Boom» – Barcelona (1968–1974) / Der Herbst des Patriarchen / Politik und Nobelpreis (1974–1982) / Chronik eines angekündigten Todes / Karibische Zukunft im Sinn (1982/83) / Die Liebe in den Zeiten der Cholera / Zurück zum Film (1986–1989) / Der General in seinem Labyrinth

Anmerkungen 127

Zeittafel 136

Zeugnisse 140

Bibliographie 143

Namenregister 148

Über die Autorin 150

Quellennachweis der Abbildungen 151

Gabriel García Márquez, 1986

Einleitung

Nein, sein bestes Buch sei das nicht, meint der Autor, und bezeichnet es gar als oberflächlich. Millionen von Lesern sind ganz anderer Meinung. Auch die Kritiker sparten nicht mit Superlativen, als 1967 *Hundert Jahre Einsamkeit* erschien und erst im Erscheinungsland Argentinien, dann in ganz Lateinamerika und schließlich weltweit zum literarischen Erfolg wurde. Dem Autor brachte sein fünftes Buch die Freiheit, sich zum erstenmal allein dem Schreiben widmen zu können, der Ruhm aber nahm ihm zugleich viel von seiner persönlichen Freiheit und Unbefangenheit. Das verzeiht er dem Roman nicht.[1]

Dabei hat Gabriel García Márquez damit so etwas wie ein Nationalepos für einen halben Kontinent geschaffen. Um die Bedeutung dieses Werks für das in wirtschaftlicher und kultureller Abhängigkeit befangene Lateinamerika zu erfassen, sei ein vergleichender Rückgriff auf die europäische Geschichte erlaubt. Als die europäischen Nationalstaaten entstanden, spielte die Kultur eine wesentliche Rolle für die Herausbildung einer eigenen Identität. Politische Ansprüche erhielten ihre historische Dignität erst aus einer nationalen, in erster Linie nationalsprachlichen Tradition und Eigenständigkeit. Gelehrte Geister grübelten darüber, wie man beweisen könne, daß die noch für ungelenk gehaltenen Volkssprachen den klassischen Sprachen Griechisch und Latein ebenbürtig waren. Einen überzeugenden Beweis hätte nur ein Nationalepos erbringen können, vergleichbar der «Odyssee» oder der «Aeneis». Besonders in den romanischen Ländern galt das Streben der Dichter über Jahrhunderte diesem Ziel, das sie jedoch in ihrer Fixierung auf die fremden Vorbilder nie ganz erreichten. Die Funktion, eine kollektive Identität zu stiften, hatte für Spanien erst der gerade nicht auf heroische Repräsentation ausgerichtete «Don Quijote». Und wenn zu den Superlativen, mit denen García Márquez bedacht wurde, auch die Bezeichnung ‹lateinamerikanischer Cervantes› gehört, so sind die Parallelen wohl vor allem auf dieser Ebene zu sehen.

Hundert Jahre Einsamkeit steht jedoch nicht allein in der literarischen Landschaft Lateinamerikas. Etwa zur gleichen Zeit sind bedeutende und erfolgreiche Romane von Carlos Fuentes, Alejo Carpentier, Mario Vargas Llosa, Julio Cortázar erschienen – Autoren, die zusammen mit García Márquez den sogenannten Boom der hispanoamerikanischen Literatur ausgelöst haben. Und die nachfolgenden Bücher des Kolumbianers verblassen (auch was den Erfolg angeht) keineswegs neben der Epopöe von Macondo. García Márquez selbst hat darauf verwiesen, daß der lateinamerikanische Roman eine kollektive Aufgabe ist, an der er gemeinsam mit seinen Kollegen arbeite.

Warum dennoch dieses eine Buch Ende der sechziger Jahre den lateinamerikanischen Roman verkörpert hat, dafür gibt es unterschiedliche Erklärungsversuche. Unser Interesse richtet sich in erster Linie auf den Urheber: seine persönlichen Obsessionen und historische Neugier, seine «Heimatverbundenheit» und Weltoffenheit haben Werke von gleichermaßen autochthonem wie universellem Charakter hervorgebracht.

Es handelt sich um eine Biographie, die bereits heute legendenhafte Züge aufweist. Das beginnt schon damit, daß nicht alle Quellen das gleiche Geburtsjahr ausweisen. Selbst akribische Forscher sind bei ihren Recherchen immer wieder auf Lücken gestoßen, die nur mit einem Netz aus Vermutungen zu überbrücken sind. Man ist versucht, sich García Márquez' literarisches Credo zu eigen zu machen, daß sich die Wirklichkeit nicht in den äußeren Phänomenen erschöpfe, sondern das Bewußtsein und die Überlieferung dieser Wirklichkeit durch die Menschen einschließe. Bei Mangel an Dokumenten bleibt unsere wichtigste Quelle der Autor selbst – seine Werke und seine Aussagen in Interviews und Artikeln. Dabei muß man sich auf Überraschungen gefaßt machen. Widersprüche kümmern den Autor wenig, und er liebt anekdotisch überspitzte Schilderungen. Das bedeutet nicht, daß den Selbstaussagen in jedem Fall zu mißtrauen wäre, vermittelt wird darin aber oft eine dichterisch kondensierte Wahrheit. Bei einigen Aussagen ist zu erahnen, wie García Márquez neugierige Interviewer nasführt. Und mancher Widerspruch zu früher Geäußertem erklärt sich als Gegenmanöver, um verfestigte Meinungen aufzubrechen (dazu wäre seine eingangs erwähnte Abwertung von *Hundert Jahre Einsamkeit* zu rechnen). Jedenfalls haben wir es in den Selbstzeugnissen nicht mit einer systematischen Selbststilisierung zu tun, dazu sind sie zu sehr von der Spontaneität des Autors geprägt.

Seit über zehn Jahren kündigt García Márquez an, er werde seine Memoiren schreiben, eine Ankündigung, die jeden Biographen in die Schranken der Vorläufigkeit weist. Einen gewissen Trost bietet da nur die Aussage des Autors, es werde sich um «falsche» Memoiren handeln, da die Fiktion sich auch beim Schreiben der Wahrheit ihr Recht nehmen werde.

Jugend und Frühwerk

Wenn ich eines nicht vergessen habe, und niemals vergessen werde, dann ist es, daß ich nur eines der sechzehn Kinder des Telegrafisten aus Aracataca bin.[2]

Kindheit in Aracataca und Barranquilla (1927–1943)

Aracataca – schon der Name des Dorfs in der kolumbianischen Provinz Magdalena klingt nach einer Zauberformel. Inzwischen ist es zur Pilgerstätte der Literaturfreunde geworden. Und der Autor findet Gefallen daran, wenn schlitzohrige Bengel den Touristen Geld abknöpfen, um ihnen angeblich die wahren Plätze, Bäume, Häuser aus *Hundert Jahre Einsamkeit* zu zeigen.

Als Gabriel José García Márquez dort am 6. März 1927[3] geboren wurde, ging in dem Dorf eine Epoche des Aufschwungs zu Ende. Zu Anfang des Jahrhunderts hatte mit dem Anbau von Bananenplantagen im Mündungsgebiet des Magdalena-Flusses auch in Kolumbien endgültig die Epoche des Neokolonialismus begonnen. Das amerikanische Kapital, in erster Linie durch die United Fruit Company vertreten, gewann beherrschenden Einfluß. Die Region konnte nicht mit genügend Arbeitskräften dienen, so daß, angelockt von der vergleichsweisen guten Bezahlung, abenteuerliche Gestalten vielerlei Herkunft in die Bananendörfer drängten und das soziale Gleichgewicht der verschlafenen Agrarregion störten, die damals noch feudale Merkmale aufwies. Von den Einheimischen abfällig als «hojarasca», Laubsturm, bezeichnet (im Sinne von Treibgut, Abschaum), bescherten sie Dörfern wie Aracataca ein plötzliches Wachstum und eine neue Verbindung zur Außenwelt. Die US-Gesellschaften sorgten für Eisenbahnlinien; Post- und Telegrafenstationen wurden ausgebaut. Einer der Neuankömmlinge war Gabriel Eligio García, seines Zeichens Telegrafist.

Der mittellose junge Mann, der in Cartagena sein Medizinstudium hatte abbrechen müssen, bemühte sich um das schönste Mädchen im

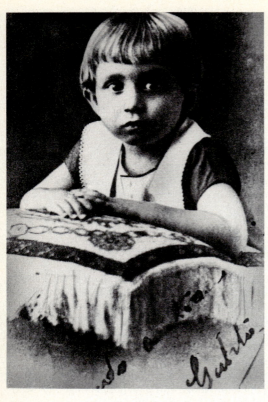

Der dreijährige Gabriel

Dorf, Luisa Santiaga Márquez Iguarán. Sehr zum Leidwesen von deren Eltern, die das Mädchen zu Verwandten schickten, in sichere Entfernung von ihrem Verehrer. Sie hatten dabei jedoch den technischen Fortschritt nicht bedacht. Der Telegrafist nützte ihn und ließ – García Márquez hat das später in *Die Liebe in den Zeiten der Cholera* beschrieben – der Angebeteten über seine Kollegen telegrafische Botschaften zukommen. Als die Eltern feststellten, daß die räumliche Trennung ihren Zweck nicht erfüllte, willigten sie schließlich in die Ehe ein.

Es war eine Mesalliance, denn Eligio García gehörte zur «hojarasca», auch wenn sein Ausbildungsstand in dem Provinzdorf eher ungewöhnlich gewesen sein dürfte. Luisa hingegen stammte aus einer der «alten» Familien[4], und ihr Vater, Oberst Nicolás Ricardo Márquez Mejía, genoß als Held der Bürgerkriege Ansehen. Neben dem sozialen Unterschied gab es auch einen der Denkungsart. Ausgerechnet der arme Telegrafist war ein eingefleischter Konservativer, während der Oberst einst auf seiten der

Liberalen unter dem legendären General Uribe Uribe gegen die Herrschaft der konservativen Oligarchie und Kirche gekämpft hatte.

Das junge Paar zog nach Riohacha[5], doch zur Geburt ihres ersten Kindes kommt Luisa wieder nach Aracataca und läßt dann den kleinen Gabriel in der Obhut ihrer Eltern zurück. Wenn auch ein solcher Entschluß in der damaligen Zeit nicht außergewöhnlich gewesen sein dürfte, fällt doch auf, daß García Márquez selbst das Verhalten der Eltern nie hinterfragt hat. Ihre Entscheidung hatte jedenfalls weitreichende Folgen für die Sozialisation des Kindes.

Der kleine Gabriel – Gabo, Gabito, eine Kurzform, die ihm bis heute geblieben ist – wächst, umsorgt von der Großmutter und drei Tanten, in einem weitläufigen und wohlhabenden Haus auf. *An jedem Tag meines Lebens erwache ich mit dem Eindruck... ich hätte geträumt, ich wäre in diesem Haus... als hätte ich dieses alte, riesige Haus niemals verlassen. Jedoch auch im Traum dauert jenes Gefühl an, das mich damals beherrschte: die nächtliche Beklemmung, Rastlosigkeit, ein Gefühl, das bei mir unweigerlich immer bei Einbruch der Dunkelheit aufkam und mich sogar im Schlaf beunruhigte, bis ich durch die Türritzen das Licht des neuen Tages sah. Mir gelingt nicht, es genau zu bestimmen, aber es kommt mir vor, als hätte diese Beklemmung eine konkrete Ursache, daß nämlich in der Nacht alle Phantasien, Vorahnungen und Erinnerungen meiner Großmutter lebendig werden.*[6]

Die Großmutter Tranquilina

Großmutter Tranquilina muß in der Tat ein außergewöhnlicher Mensch gewesen sein. Diesseits und Jenseits waren für sie nicht geschieden, und ihr praktischer Sinn widersprach keineswegs ihrem Glauben, ihrem Aberglauben und ihrer Empfänglichkeit für Magisch-Phantastisches. Vor allem aber, und das war für ihren Enkel am folgenreichsten, war sie eine Erzählerin. Sie erzählte ihm ungerührt die unglaublichsten Geschichten. Und sie setzte ihr Wissen um die Lebenden und die Toten auch erzieherisch ein. Das Kind durfte nicht in dieses oder jenes Zimmer gehen, da dort ein toter Onkel oder eine tote Tante wohnte, die ungezogenen Kindern das Fürchten lehren konnten. Kein Wunder, daß dieses Haus, auch wenn es tagsüber der weitläufigen Verwandtschaft offenstand und in der Küche stets etwas köchelte, um unerwartete Gäste zu bewirten, sich nachts auf unheimliche Weise belebte.

Als Gegenpol zu dieser Nachtseite behauptet sich der Großvater Nicolás. Er war ein Patriarch von der weltoffenen Sorte, vital und genußfreudig, Führer der liberalen Partei am Ort, ein aufgeklärter Geist, der seine Freude daran hatte, dem Enkel die Wunder der Welt zu zeigen, vom Dromedar im Zirkus bis zu dem Eis, das eine Ladung Fisch frisch hielt (eine Erfahrung, die der erste Satz von *Hundert Jahre Einsamkeit* evoziert[7]). Vor allem aber nimmt der Oberst das Kind ernst, macht schon

Bild des Großvaters, auf dem Schreibtisch
des erwachsenen García Márquez

den Schulanfänger mit dem Lexikon bekannt und erzählt ihm mit allen heroischen und schaurigen Details vom letzten Bürgerkrieg, in dem er von 1899 bis 1901 gekämpft hatte.

Als die wichtigste männliche Gestalt in seinem Leben hat García Márquez den Großvater immer wieder bezeichnet. Nach seinem Tod (Gabriel war damals acht Jahre alt) sei er als Waise zurückgeblieben, behauptet der Autor, und seither sei ihm nichts Wichtiges mehr widerfahren.

Dabei dürfte die Kindheit in Aracataca nicht besonders ereignisreich gewesen sein. Die Zeit der Prosperität, die das Bananenfieber mit sich gebracht hatte, war vorbei, und das Dorf versank unmerklich in Lethargie, zehrte von den Erinnerungen, die, ebenso wie die Bürgerkriegserfahrungen des Obersts, legendäre Züge anzunehmen begannen. Von unermeßlichem Reichtum und Exzessen war da die Rede, von rauschenden Festen und brennenden Geldscheinen beim Cumbia-Tanz. Und von jenem Massaker in La Ciénaga, als 1928 Regierungstruppen auf Bananenarbeiter geschossen hatten, die erstmals für ihre Rechte streikten. Doch schon wußte niemand mehr genau, wie viele Tote es damals gegeben hatte, ja, ob das Ereignis überhaupt tatsächlich stattgefunden hatte. Für den Knaben war es dennoch ein erster Ausblick auf die politische Realität seines Landes. Eine andere Erfahrung war der Krieg gegen Peru.[8] In der Schule wurden die Kinder beim Kriegsspiel angefeuert, doch dem kleinen Gabriel war nie so recht klar, warum er die Peruaner hassen sollte. Dagegen empfand er deutlich, daß es nicht mit rechten Dingen zuging, als Vertreter der Obrigkeit in die Familien drängten und den Eheleuten mit dem Hinweis auf patriotische Pflichten die Eheringe abnahmen.

Die Fülle der Kindheitserfahrungen, aus denen García Márquez in seinem späteren Werk schöpft, sind jedoch solche, die mit Erzählern und mit Erzähltem gemacht wurden, und speisen sich nur in geringerem Maße aus Selbsterlebtem.

«In Ermangelung eines Besseren lebte Aracataca von Mythen, Gespenstern, von Einsamkeit und Sehnsucht... Aracataca lebte von Erinnerungen, als er geboren wurde, seine Fiktionen sollten von seinen Erinnerungen an Aracataca leben.»[9] Zu dieser Art des vermittelten Erlebens trug nicht nur die historische Situation, sondern auch die persönliche bei: Hier wächst ein Kind allein unter Erwachsenen auf, es schaut zu, es hört zu, spätestens ab sechs Uhr abends still auf einem Stühlchen sitzend.[10] Solange die Geschichten andauern, ist es in Sicherheit, dann kommt die Nacht. García Márquez hat seine Kindheit in Aracataca genossen und ihr nachgetrauert, doch das Gefühl der Einsamkeit, das sein Werk durchzieht, wird ihn schon damals heimgesucht haben.

Bewußt geworden ist es ihm mit dem Tod seines Großvaters. Ihm ging nicht nur die Gestalt verloren, die für ihn Sicherheit verkörperte, sondern auch sein ganzes bisheriges Leben. Mutter und Vater kannte er bis

Die Mutter

zu seinem sechsten Lebensjahr nur aus Erzählungen. Das duftige Kleid und das Parfum jener hübschen Frau, die eines Tages aus dem Zug stieg und seine Mutter sein sollte, blieben ihm angenehm in Erinnerung, gepaart allerdings mit dem schlechten Gewissen, sie nicht so zu lieben, wie die Großeltern es von ihm erwarteten. Zu diesen letztlich fremden Menschen kam nun der Achtjährige, und er mußte plötzlich eine ganz neue Rolle übernehmen. *Das Bezeichnende an der Beziehung zu meiner Mutter ist seit meiner frühen Kindheit die Ernsthaftigkeit... mein Einzug ins Elternhaus muß für sie bedeutet haben, daß sie jetzt jemanden hatte, mit dem sie sich inmitten ihrer zahlreichen Kinder, die alle jünger waren als ich, verständigen konnte, jemand, der ihr half, die häuslichen Probleme zu lösen, die bei zeitweiliger extremer Armut drückend und alles andere als angenehm waren...*[11]

Seine Eltern lebten inzwischen in Barranquilla. Gabriel kam also zum erstenmal in eine Stadt, eine Hafenstadt dazu, und das karibische Meer lag vor der Tür. Er besuchte die Primarschule Simón Bolívar und versuchte sich an sein neues Leben zu gewöhnen, was ihm dadurch erschwert wurde, daß sein Vater ein ganz anderes Erziehungskonzept als einst der Großvater verfolgte. *Ich war mir nie sicher, wie ich mich ihm gegenüber verhalten und wie ich seinen Ansprüchen genügen sollte, außerdem war er damals von einer Strenge, die ich mit Verständnislosigkeit verwechselte.*[12]

Kurz nach seinem Übertritt auf die Oberschule zog die Familie nach Sucre um, die Schulausbildung war unterbrochen. Der Dreizehnjährige

Gabriel, 1942

kehrt jedoch dann allein nach Barranquilla zurück, nun als Internatszögling der Jesuitenschule San José. Aus dieser Zeit liegen erste Zeugnisse von Mitschülern vor. Gabito sei ein stiller, ernster Junge gewesen, man habe ihn daher «den Alten» genannt; von Büchern habe er mehr als von Sport gehalten und Gedichte für die Schülerzeitung «Juventud» verfaßt.[13] Sein Aufenthalt in dieser Schule dauerte nicht lange, da er ein Stipendium für ein anderes Internat gewann, das Colegio Nacional de Zipaquirá, in dem begabte Jungen aus den Provinzen eine kostenlose Schulausbildung erhielten. Für den Vater bedeutete das eine finanzielle Entlastung, denn die Apotheke, die er nun in Sucre betrieb, warf gerade genug Geld ab, die vielköpfige Familie zu ernähren.[14] Für den Jungen bedeutete es den zweiten schmerzlichen Einschnitt in seinem Leben.

Internat, Universität und erste Erzählungen (1943–1948)

Gabriel García Márquez verläßt 1943 die heiße Küstenregion mit ihrer karibisch unangestrengten Lebensweise und begibt sich in eine ihm völlig fremde Welt. Das Andenhochland war nicht nur kalt, hier lebten auch andere Menschen, die sich durch spanische Förmlichkeit und indianische Verschlossenheit auszeichneten. Die krassen landschaftlichen Unterschiede erlebte der Schüler auf seiner mehrtägigen Fahrt durch das Land: erst eine langwierige Schiffsreise den Magdalena flußaufwärts durch stickiges Urwaldgebiet, dann eine beängstigende Bahnfahrt über andinische Bergzüge hinweg bis ins Hochland von Bogotá.

Die Begegnung mit der Hauptstadt war für ihn ein traumatisches Erlebnis. Die graue, naßkalte und stille Stadt, die Straßenbahnen, gefüllt mit schweigenden Menschen, die in Ponchos gehüllten oder in förmliches Schwarz gekleideten Gestalten: den Jungen überkam das heulende Elend. Und Zipaquirá, eine kleine Stadt etwa 50 Kilometer von Bogotá entfernt, war nicht besser.

Im Internat entwickelt der Schüler eine Verhaltensweise, eine Art von Selbstschutz, die er auch später, in anderen neuen Lebenssituationen, an den Tag legen wird: Er nimmt seine Umwelt nicht zur Kenntnis, verweigert sich ihr. Eine Haltung, die zur Verklärung des vertrauten Vergangenen führen muß. Er empfindet dieses im kalten Klostergemäuer untergebrachte Internat, in dem er einer unter etwa 300 Schülern ist, als Strafe. Er verkriecht sich in Bücher und verläßt die Schule auch nicht zum wochenendlichen Ausgang, rühmt sich noch als Erwachsener, kein Ausflugsziel kennengelernt zu haben, weder in Zipaquirá noch in Bogotá.

Er tröstet sich mit Abenteuerbüchern, mit Jules Verne und Emilio Salgari, und mit sehr viel *schlechter Poesie* (im nachhinein meint er, die *schlechte Poesie* sei die beste Schule, um für die gute heranzureifen[15]) über die frostige Isolation hinweg. Aber er begegnet auch der zeitgenössischen Dichtung seines Landes. Er liest die Gedichte der Gruppe «Piedra y Cielo», jener Poeten, die, geprägt von Rubén Darío, Juan Ramón Jiménez und Pablo Neruda, mit Akademismus und Epigonentum aufräumen und der Poesie wieder zu ihrem Recht verhelfen wollten.[16] Beflügelt von diesen Erfahrungen gründet Gabriel an der Schule eine Zeitschrift, «Literatura», von der allerdings nur eine Nummer erscheint. Doch nicht mit Schöngeistigem allein beschäftigt sich der Schüler, durch seine Lehrer bekommt er auch Kontakt zur politischen Theorie. Traut man den Anekdoten, die García Márquez aus dieser Zeit überliefert, muß Zipaquirá geradezu ein Nest marxistisch gebildeter Lehrkräfte gewesen sein.[17]

Diese Lehrer lenkten den Blick des Schülers auf gesellschaftliche Probleme, liehen ihm dann und wann ein einschlägiges Buch aus. Wenn er auch nicht als Kenner des dialektischen Materialismus die Schule verließ, dürfte sie ihm doch ein gewisses begriffliches Instrumentarium zur Analyse und Erkenntnis gesellschaftlicher Phänomene vermittelt haben.

Mit einem geschärften Bewußtsein für soziale Ungerechtigkeit entschließt sich García Márquez nach seinem Abitur im Dezember 1946 für das Jurastudium. Erstaunlicher als dieser Entschluß – viele lateinamerikanische Schriftsteller studierten zunächst Jura – ist die Tatsache, daß er sich in Bogotá immatrikulieren läßt, statt die erste Gelegenheit zu nutzen, dem tristen Hochland zu entkommen. Der Ruf der Universität mag eine Rolle gespielt haben, wie auch die Tatsache, daß der schüchterne Einzelgänger begonnen hatte, Freundschaften zu schließen. Und Freundschaften waren und sind ihm über alles andere wichtig.

Die Schule in Zipaquirá, die García Márquez besuchte

Seine besten Freunde blieben zu jener Zeit jedoch noch die Bücher. Und es waren nicht die der Jurisprudenz. *Mein höchstes Vergnügen (damals) war es, mich sonntags in eine der Straßenbahnen mit den blaugetönten Fenstern zu setzen, die für fünf Centavos zwischen der Plaza Bolívar und der Avenida de Chile unentwegt hin und her fuhren… Das einzige, was ich auf dieser Fahrt im Circulus vitiosus tat, war Gedichtbücher zu lesen, Gedichte, Gedichte und nochmals Gedichte, vielleicht eine Strophe pro Häuserblock, bis im ewigen Regen die ersten Lichter aufleuchteten. Dann ging ich durch die verschwiegenen Cafés in der Altstadt, immer auf der Suche nach irgend jemand, der sich meiner erbarmen würde, und mit mir über die Gedichte, Gedichte und nochmals Gedichte reden würde, die ich gerade gelesen hatte.*[18]

Irgendwann entdeckte er den Roman. Nun studierte er statt Strafrecht «Schuld und Sühne», die Werke von Tolstoj und Dickens und die französischen Realisten des vergangenen Jahrhunderts. Und eines Tages begegnete er auch Kafka; ein Schlüsselerlebnis: denn als er las, daß Gregor Samsa eines Morgens als riesiges Ungeziefer erwacht, wußte er, wenn man so etwas machen konnte, dann war Literatur auch etwas für ihn. Und er versuchte sich an Erzählungen.

In der Literaturbeilage der Zeitung «El Espectador» war ein Artikel des Romanciers und Herausgebers Eduardo Zalamea Borda erschienen, in dem dieser beklagte, daß es keine neuen Talente gäbe, die mehr als regionalistisches Interesse wert wären. García Márquez verstand dieses Verdikt als Herausforderung. Er schickte seine erste Erzählung *Die dritte Entsagung* ein. Daß sie im September 1947 veröffentlicht und von Zalamea Borda auch noch aufs wohlwollendste kommentiert wurde, erfüllte ihn mit einer gewissen Beklommenheit. Wie sollte er diesen Vorschußlorbeeren gerecht werden und Zalamea Borda nicht blamieren? Weiterschreiben, entschied er.[19]

Die Prüfungen des ersten Studienjahrs bestand er bis auf eine; im zweiten Jahr, 1948, ließ er sein Studium dann aber schleifen. Er führte das Leben eines Bohemiens, allerdings ohne Bequemlichkeit und Raffinement. Das einzig Auffallende an dem rastlosen und grüblerischen jungen Mann war seine Kleidung, die karibische Vorliebe für grelle Farben und seine persönliche für gewagte Kombinationen: ein herausfordernder Gestus, mit dem er den Erwartungen der bogotanischen Umwelt begegnete, und zugleich eine Maske für seine Introversion.

In den Schul- und Universitätsferien ist García Márquez mehrmals zurück zu seiner Familie nach Sucre gefahren. In diese Urlaube in Sucre fallen zwei bedeutsame Ereignisse. Auf einem Schülerball macht er Mercedes Barcha, der Tochter eines Jugendfreunds von Vater García, kurzentschlossen einen Heiratsantrag. Sie war damals gerade dreizehn. *Ich glaube heute, der Vorschlag war eine Metapher, um all das Hin und Her zu überspringen, das man damals mitmachen mußte, um eine Verlobte zu bekommen ... wir haben uns weiter nur sporadisch und immer zufällig gesehen, und ich glaube, wir beide waren uns ohne jeden Zweifel darüber im klaren, daß die Metapher früher oder später Wirklichkeit werden würde, wie sie es wahrhaftig zehn Jahre nach ihrer Erfindung geworden ist, ohne daß wir je ein richtiges Liebespaar gewesen wären. Wir waren vielmehr ein Paar, das ohne Eile und Ängste auf etwas wartete, wovon man wußte, daß es unausweichlich war.*[20] Nicht das Abenteuer, das neue Ungewisse, so kann man wohl folgern, lockten ihn; ihn trieb der Wunsch nach Selbstvergewisserung, gesteuert von einer instinktiven Sicherheit, was sein künftiges Leben anging.

Das zweite, für seine literarische Entwicklung entscheidende Ereignis war die Wiederbegegnung mit seinem Kindheitsparadies Aracataca.[21] Seine Großmutter Tranquilina war hochbetagt gestorben. Nun sollte ihre Tochter das alte Haus der Familie verkaufen. Sie nahm ihren ältesten Sohn mit auf diese Reise in die Vergangenheit. Er kam nach Aracataca, und alles war wie ehemals und dennoch entscheidend anders: *Ich sah ... etwas, das wir alle erfahren haben: wie jene Straßen, die wir uns breit vorstellen, klein werden ... die Häuser waren genau die gleichen, doch sie waren von der Zeit und der Armut zerfressen ... ein schrecklicher Mittag, man atmete Staub. Das ist ein Ort, wo man, als ein Tank für die Wasserleitung gebaut wurde, nachts arbeiten mußte, weil man tagsüber wegen der Hitze nicht die Werkzeuge anfassen konnte. Meine Mutter und ich sind*

Aracataca. Aufnahme aus neuerer Zeit

dann durch dieses Dorf gegangen, wie man durch ein Geisterdorf geht: keine Seele war auf der Straße; und ich war vollkommen davon überzeugt, daß meine Mutter so sehr wie ich daran litt, zu sehen, wie die Zeit über dieses Dorf hinweggegangen war. Und wir kamen zu einem kleinen Geschäft an der Ecke, und darin saß eine Frau, die nähte, meine Mutter trat ein, näherte sich ihr und sagte: «Wie geht es, meine Liebe?» Sie hob die Augen, und sie umarmten einander und weinten eine halbe Stunde lang. Sie haben kein einziges Wort gesagt, nur eine halbe Stunde lang geweint.[22]
Diese Szene, verbunden mit der Trauer um eine endgültig abgeschlossene Vergangenheit, weckten in ihm das Bedürfnis, das Vergangene im Erzählen zu bewahren.

La casa, das Haus, sollte dieses Buch heißen und als Mittelpunkt eben jenes großväterliche Haus haben, in dem er seine Kindheit verlebt hatte und durch das er noch heute in seinen Träumen geistert. Das *Paket* sei zu groß für ihn gewesen damals, meint García Márquez später. Zwar glaubt er sich daran zu erinnern, schon mit sechzehn (bei anderen Gelegenheiten sagte er siebzehn, dann wieder neunzehn) Jahren den ersten Absatz des Romans geschrieben zu haben, doch sehr viel weiter muß er nicht gediehen sein, denn es mangelte ihm an erzählerischen Mitteln, das, was ihn bewegte, zu gestalten.

Jedenfalls unterschied sich dieses Projekt, schon vom Thema her, grundsätzlich von seinen ersten sechs Erzählungen, die bis 1949 im libe-

Der Bahnhof von Aracataca

ralen «El Espectador» erschienen sind. Diese spiegeln einiges von dem Staunen des Studenten über Gregor Samsas wundersame Verwandlung, aber kaum etwas von seinem eigenen Leben, seiner Umgebung, auch nicht viel von seiner sonstigen Lektüre. *Die dritte Entsagung* [23] wird aus der Perspektive eines Kindes erzählt, das scheinbar gestorben ist, aber in seinem Sarg weiterwächst. Seine Mutter mißt den Sohn gewissenhaft, da sie sein Wachstum als Lebenszeichen deutet. Als er zu wachsen aufhört, gibt sie ihn innerlich auf. Und als er selbst dann den eigenen Fäulnisgeruch wahrnimmt, gibt auch er sich auf, zerrieben von der zweifachen Angst zu verwesen oder lebendig begraben zu werden – eine Geschichte von Metamorphosen des Lebens und des Todes.

Auffallend ist der Kontrast zwischen sehr genau und souverän beschriebenen – immer beklemmenden – sinnlichen Wahrnehmungen und einer eher forciert surrealen Erzählkonstruktion. Das gilt ähnlich auch für die drei folgenden Prosastücke (*Eva ist in ihrer Katze; Tubal-Caín schmiedet einen Stern; Die andere Rippe des Todes*[24]). Sie sind arm an Handlung, dafür metaphysisch befrachtet mit universellen Themen der Literatur: Tod und Leben, Leben und Traum, Sein und Schein, der Einzelne und sein Doppelgänger. Das phantastische Element erwächst noch nicht, wie in den späteren Werken, aus einer Übersteigerung der Wirklichkeit.

Der Student als Journalist (1948/49)

Die politische Wirklichkeit bereitet García Márquez' Doppelleben als lustlosem Studenten und aufstrebendem literarischem Talent ein vorläufiges Ende. Am 9. April 1948 wird im Zentrum Bogotás Jorge Eliécer Gaitán ermordet. Gaitáns Popularität reichte in das Jahr 1928 zurück, als er den Streik der Bananenarbeiter unterstützt hatte. Später war er Bürgermeister der Hauptstadt Bogotá geworden und nun Präsidentschaftskandidat der Liberalen, eine charismatische Persönlichkeit, deren wachsende Radikalität die Konservativen in Schrecken versetzte. Die Umstände seiner Ermordung sind nie genau geklärt worden. Sein Tod löste jedoch einen Aufstand des Volkes aus, das sich um seine Hoffnungen betrogen sah: den sogenannten «bogotazo». Der seit dem Antritt einer konservativen Minderheitsregierung zwei Jahre zuvor erneut schwelende Konflikt zwischen Konservativen und Liberalen brach offen aus und, nicht immer damit deckungsgleich, der zwischen arm und reich, Mächtigen und Ohnmächtigen. Drei Tage lang war die Hauptstadt Schauplatz blutiger Straßenschlachten. Die «violencia», die Gewalt, breitete sich bürgerkriegsähnlich aus. Immer neu flammten quer über das ganze Land Rebellion und Repression auf, in einem bald nicht mehr überschaubaren Zusammenspiel. Bis Anfang der sechziger Jahre verwüstete die violencia nicht nur ganze Landstriche, sondern forderte auch an die 300 000 Opfer.

García Márquez erlebte den Ausbruch der Gewalt hautnah mit (wie übrigens auch zwei junge Kubaner, die der Autor damals noch nicht kannte, die Brüder Castro[25]). Seine Pension in der Calle Florián brannte, und sein Studienkollege Plinio Apuleyo Mendoza berichtet, Gabo sei nur mit Mühe davon abzubringen gewesen, ein Manuskript aus dem brennenden Haus zu retten. Nach dem bogotazo wurde die Universität geschlossen, und es gab für ihn keinen Grund, länger in der Hauptstadt zu bleiben.

So kehrte er an die Küste zurück und blieb dann in Cartagena, wo die Universität bald wieder öffnete. Vermutlich hat die Enttäuschung seines Vaters, der es selbst nie zu einem Universitätsabschluß gebracht hatte, dazu beigetragen, daß Gabriel sich erneut an der Universität einschrieb und dort im Juni 1948 das zweite Studienjahr Jura wiederaufnahm.

Bereits im Mai war er jedoch den Cartagenern auf eine andere Weise vorgestellt worden: «Der Studiosus, der Schriftsteller, der Intellektuelle wird in dieser neuen Etappe seiner Laufbahn nicht verstummen, er wird in dieser Kolumne die ganze Welt der Anmutungen zur Sprache bringen, mit der täglich die Menschen und die Dinge seine unruhige Einbildungskraft beeindrucken.»[26] Das stand in der liberal orientierten Zeitung «El Universal», die erst ein paar Monate zuvor gegründet worden war. Drei Erzählungen hatte García Márquez bislang veröffentlicht, aber daß sie in der überregionalen Zeitung «El Espectador» erschienen waren, war

Der Vater

Volksaufstand in Bogotá, 1948

Empfehlung genug, den Einundzwanzigjährigen, der keinerlei journalistische Erfahrung besaß, in die Redaktion aufzunehmen. Es wurde ihm gleich eine Kolumne anvertraut, «Punto y aparte» (Punkt und Absatz), die vom Mai bis zum Juli 1948 insgesamt neunundzwanzigmal erschien und unterhaltende Betrachtungen zu Alltagsthemen bot (danach schrieb er betitelte Glossen ähnlichen Stils).

García Márquez stellt sich seinem Publikum mit Betrachtungen zur Sperrstunde vor. Er äußert sich in einem etwas gewollten Stil erstaunlich politisch in einer Zeit der Zensur: ...*wir versuchten, mit einer letzten und verzweifelten Geste jenem langsamen, bedrängenden Lauf Einhalt zu gebieten, der die Stunden einer bekannten Grenze entgegenstürzte, und damit diesem ungeheuerlichen Ufer zu, wo sich unsere Freiheit beugte...*[27]

Während er weiterhin sporadisch die Universität besucht, verfaßt er in der Folge vor allem kleine Sittengemälde und Porträts, etwa das einer stolzen Schwarzen im Bus. Er bereitet Klatsch aus der internationalen Presse ironisch auf oder schreibt eine ausführliche Betrachtung über den Tag Donnerstag, an dem ihm offensichtlich nichts anderes einfiel.

Von der Kritik wird im allgemeinen diese erste Phase seines journalistischen Schreibens als bloße Fingerübung angesehen. Vielleicht wird dabei übersehen, daß hier doch etwas Wichtiges eingeübt wird: eine anekdotische Sicht der Realität, die einhergeht mit einer zunehmenden Konzentration der sprachlichen Mittel auf die Darstellung des gewählten Realitätsausschnitts, Arabesken inbegriffen. Dazu gehört auch die bewußte Unernsthaftigkeit, die zuweilen an den spanischen Autor Ramón Gómez de la Serna erinnert, der mit seinen Exzentrizitäten Aufsehen erregt hatte. Bei genauerem Lesen entdeckt man, daß in einer Glosse wie *Der Dompteur des Todes* schon sehr viel mehr vom künftigen García Márquez, dem Reporter und Romancier, steckt, als in einer seiner intellektualistischen Erzählungen. Das geht bis in den Stil des ersten Satzes hinein: *Eines Tages – lange bevor der Schiffbruch der Euskera bekannt wurde – hatte Emilio Rezzore uns in seinem Zimmer im Hotel Colonial die schrecklichen Narben gezeigt, die auf seinem Rücken leuchteten.*[28] Trivialität und Tragödie, Übertreibung und überraschende Wendung, Alltäglichkeit und Fatum haben hier wie selbstverständlich nebeneinander Platz.

In seinen Erzählungen hingegen baut der Autor weiter an poetischen Gedankengebäuden, die wenig von seinen veränderten Lebensbedingungen verraten. Jedenfalls ist in *Die andere Rippe des Todes*, die «El Espectador» im Juli 1948 veröffentlicht, nichts davon zu erahnen. Von einem Zwillingspaar wird hier erzählt, der eine Bruder ist gestorben, und die Identifikation des Lebenden mit dem Toten führt zu einer Fülle literarischer Spiegelungen.

Eine spätere Äußerung des Autors, die sich gegen die Literaturkritik richtet (der er, obwohl er von ihr verwöhnt wird, wenig abgewinnen kann), wirft auch ein Licht auf sein frühes Schreiben: *Es ist eben diese doktorale Ernsthaftigkeit, die uns gezwungen hat, der Sentimentalität, dem Melodram, dem Gewöhnlichen, der moralischen Mystifikation und vielen anderen Dingen aus dem Weg zu gehen, die in unserem Leben wahr sind, sich aber nicht trauen, es auch in der Literatur zu sein.*[29] Die Befreiung von dem ungeschriebenen Kodex, der festlegte, was wahre Literatur zu sein hat (und der in Kolumbien besonders ernst genommen wurde), wie auch die Befreiung von seiner eigenen Ernsthaftigkeit muß man sich bei García Márquez als langsamen Prozeß vorstellen. Der auf Kommunikation gerichtete Journalismus, in dem all das sonst Verbotene erwünscht war, dürfte dabei eine katalysierende Funktion gehabt haben. Auch wenn García Márquez später behauptet, vom Journalismus für seine Romane nicht viel mehr gelernt zu haben als gewisse Techniken, ein Geschehen glaubhaft darzustellen, ist seine Beziehung zum Leser beim Erzählen von der journalistischen Praxis geprägt. Auch die Diskussion mit Kollegen gehört dazu, eine damals für ihn neue Erfahrung. Entscheidender als Cartagena sollte in dieser Hinsicht für ihn jedoch die Nachbarstadt Barranquilla werden.

Barranquilla – Die Entdeckung des Lebens (1950–1953)

Ich habe das schon oft erzählt... Und es geht immer daneben! Denn ich hole es nicht ein...[30] Wofür ihm noch Jahre später die richtigen Worte fehlen, ist das, was ihm die Begegnung mit der sogenannten «Gruppe von Barranquilla» bedeutet hat. Ein vielleicht etwas anspruchsvoller Begriff für drei lebenslustige und lesehungrige junge Leute, einen gebildeten alten Herrn und ein paar weitere Freunde, die sich in dieser ganz unliterarischen Hafenstadt der Literatur und dem Journalismus widmeten. Spätestens im Dezember 1949 muß García Márquez mit ihnen bekannt geworden sein. Denn einer von ihnen, Alfonso Fuenmayor, hält es für wichtig, in seiner Kolumne in der Zeitung «El Heraldo» einen Besuch des Autors in Barranquilla zu kommentieren: «Gabriel García Márquez, unter Freunden Gabito, scheint der große Erzähler zu sein, auf den das Land seit langem mit so viel Geduld und so viel Skepsis wartet.»[31] Ein wahrhaft prophetisches Urteil, bedenkt man, daß es sich nur auf sechs bis dahin erschienene Erzählungen stützen kann.[32]

Jedenfalls schätzten die Barranquilleros den Erzähler und nahmen den Menschen herzlich auf. García Márquez stieß hier zum erstenmal auf Kollegen – Alfonso Fuenmayor, Germán Vargas, Alvaro Cepeda Samudio und Ramón Vinyes –, denen die Literatur ebenso wichtig wie ihm selbst war. Sie hatten ihm jedoch zweierlei voraus: den höchst lockeren Umgang mit dieser Leidenschaft und eine größere Belesenheit. Dieser geistig lebendige Umgang faszinierte García Márquez, und so beschloß er Ende 1949, nach den Prüfungen des dritten Studienjahrs, das ihn eher selten an der Universität gesehen hatte, die Juristerei erst einmal an den Nagel zu hängen und nach Barranquilla zu ziehen.

Das war ein Bruch mit den Erwartungen seiner Eltern und zugleich die Entscheidung, vom Schreiben zu leben. Alfonso Fuenmayor hatte ihn zu «El Heraldo» vermittelt, und er trat in die Redaktion ein mit dem Auftrag, Nachrichten zu sichten und mehrmals in der Woche eine Kolumne zu schreiben, für die er sich mit seinen bisherigen Beiträgen für «El Universal» empfehlen konnte. Die Kolumne bekam den Namen *La Jirafa* (weil dieses Tier den besten Überblick hat, vielleicht auch auf die Ähnlichkeit zwischen einem Giraffenhals und dem Druckbild des Beitrags anspielend) und wurde von García Márquez mit dem Pseudonym Septimus unterzeichnet.[33]

Die erste *Jirafa* erschien im Januar 1950 mit einer ironischen Betrachtung zur Wahl des wichtigsten Mannes des vergangenen halben Jahrhunderts. Die zweite *Jirafa* ist eine reine Spielerei über den Kalender des Dionysos. Die dritte rechnet mit einem bogotanischen Literaturkritiker ab; die vierte beschäftigt sich mit dem unaufhaltsamen Aufstieg Eva Peróns vom drittklassigen Theater zur politischen Weltbühne und resümiert: *Diese Eva Duarte de Perón wird weiterhin die beste Schauspielerin*

Barranquilla

Hafenszene

der amerikanischen Komödie sein.[34] Die fünfte schließlich ist eine Elegie auf einen Banditen. Ausgehend vom Tod eines Kriminellen malt sich der Autor sein Ehrenbegräbnis und seine Ankunft in der Hölle aus. Eine geradezu filmische Sequenz: *Vornweg, dort, wo man bei bürgerlichen Begräbnissen die Kerzen trägt, werden die drei berühmtesten Diebe der Umgebung schreiten, sie führen den Trauerzug an, in dessen Mitte auf den Schultern seiner Freunde der durchlöcherte Körper des Toten getragen wird... es entsteht der Eindruck, daß der Sarg allen Schrecken, alle nächtlichen Ängste, alle Alpträume des Landstrichs mit sich nimmt. Man sieht ihn um die letzte Ecke des Dorfs biegen – der hohe, primitive Sarg hängt schräg – inmitten eines dichten, fast greifbaren Schweigens, das den Schrei einer Frau vorbereiten könnte.*[35]

Diese fünf ersten *Jirafas* kennzeichnen in etwa die Kolumne des neuen Mitarbeiters: Dominant ist der humoristische, mit ironischen Berechnungen durchsetzte Stil, die Bandbreite reicht von der Glosse über die zum Essayistischen neigende Betrachtung bis zu fiktionalen Prosastücken. Der Kolumnist beschäftigt sich vornehmlich mit Erscheinungen des Zeitgeists und der Volkskultur, mit Trivialmythen, und nutzt zweitrangige lokale bis internationale Nachrichten, um auf indirekte Weise politische oder ästhetische Urteile zu äußern.

Die ästhetische Diskussion beherrschte die Freundesgruppe, zu der er nun gehörte. García Márquez erinnert sich, daß jede Nacht über zehn neue Bücher gesprochen wurde, die er nicht kannte. So entdeckte er für sich die zeitgenössischen englischen und amerikanischen Autoren, wobei William Faulkner, «Der Alte», wie sie ihn nannten, eine zentrale Rolle spielte. Der *weise Katalane*[36], der Schriftsteller Ramón Vinyes, ein nach dem Spanischen Bürgerkrieg geflüchteter Republikaner, legte den jüngeren Kollegen jedoch auch die eigentlichen «Alten», die Autoren der Antike, ans Herz. Die Lektüre von Sophokles hinterläßt bei García Márquez einen tiefen und bleibenden Eindruck, immer wieder wird er ihn später unter seinen oft wechselnden Lieblingsautoren nennen; von «König Ödipus» wird er sagen: *...das ist das Werk, das mich am meisten über alles in meinem ganzen Leben gelehrt hat.*[37]

Mindestens ebenso entscheidend wie diese geistigen Anregungen dürfte für den Zweiundzwanzigjährigen jedoch das Ambiente gewesen sein, in dem sie ihm zuteil wurden. Die Freunde verstanden sich als «Mamadores de Gallo», die auf ihre spezifisch karibische Art wider den tierischen Ernst und jedes Pathos angingen. Sie zogen von der Redaktion in der Calle del Crímen (Straße des Verbrechens) durch die Kneipen der Hafenstadt. Das «Happy», wahrlich kein gepflegtes Intellektuellen-Café, war eines ihrer Stammlokale. Berauscht von Literatur und Alkohol und Plänen begaben sie sich in später Nacht zum Etablissement einer berühmten Puffmutter und feierten dort weiter, um am nächsten Tag wieder am Schreibtisch ihre Einfälle zu Papier zu bringen. *Das war für mich eine schwindelerregende Zeit, eine Zeit der Entdeckung von Literatur und Leben*[38], beschreibt er diese Erfahrungen im Rückblick. Für Einsamkeit war keine Zeit, und die Freunde – *die ersten und letzten Freunde, die er in seinem Leben hatte*[39] – ließen auch keinen Raum dafür. Wenn García Márquez nicht mit seinen Gefährten unterwegs war, saß er bis zum Morgengrauen in den stillgewordenen Redaktionsräumen und schrieb nicht nur an neuen Erzählungen, er hatte auch sein altes *Paket* wieder ausgepackt, das Projekt *La casa*. Es muß sich jedoch erneut als reichlich schwer erwiesen haben, jedenfalls wählte er nach ein paar Monaten Arbeit einen begrenzten Bereich aus diesem Themen- und Motivbündel aus und setzte an zu einem kürzeren Roman, den er dann bis 1951 schrieb: *La hojarasca* (*Laubsturm*).

Das *Paket* kann man jetzt wörtlich nehmen, er schleppte das Manuskript überall mit und hinterlegte es auch beim Pförtner als Pfand, wenn das, was ihm von seinem täglichen Zeilenhonorar übriggeblieben war, nicht ausreichte, um sein Zimmer im «Rascacielo» zu bezahlen. Der «Wolkenkratzer» war ein vierstöckiges Stundenhotel, in dem sich Prostituierte und Zuhälter einquartiert hatten und das sich dem Journalisten empfahl, weil es billig war. García Márquez hat es in *Die Liebe in den Zeiten der Cholera* beschrieben: winzige Zimmer wie Pappkartons und so hellhörig, daß man alles miterlebte, was die Nachbarn trieben, wobei das Anrührende war, daß viele der Kunden sich bei diesen Mädchen der käuflichen Liebe vor allem aussprechen wollten. Da die Mädchen den gleichen Tagesrhythmus wie er selbst hatten – spät aufstanden und bis spät in die Nacht arbeiteten –, freundete er sich mit ihnen an. Sie staunten darüber, daß dieser magere Habenichts, den sie manchmal zum selbstbereiteten Essen einluden, zuweilen von teuren Limousinen abgeholt wurde – dann, wenn er als Journalist für offizielle Anlässe gebraucht wurde.

Sein bewegtes Leben ließ ihm jedoch auch noch Zeit, um jene Apotheke zu streichen, in der Mercedes Barcha, die in seinem Freundeskreis den Spitznamen «Das heilige Krokodil» bekam, hinter dem Ladentisch stand.

Neben der Arbeit an der Zeitung und dem Roman trieb García Márquez ein gemeinsames Projekt der Gruppe voran, eine eigene Zeitschrift, deren erste Nummer bereits im April 1950 unter dem Namen «Crónica» erschien. Das bescheiden aufgemachte Blatt lieferte dem Publikum eine Themenmischung, die, weil gänzlich unorthodox, so ganz der Gruppe entsprach: Kultur und Sport. Pfiffig meinten sie, die Literatur als Konterbande den Sportfans nahebringen und so ihre Wochenzeitschrift finanzieren zu können. Alfonso Fuenmayor war der Herausgeber des Blatts und García Márquez der leitende Redakteur.

Sie hatten ein Forum für ihre Literatur geschaffen, nicht weil sie sonst nirgends hätten veröffentlichen können, sondern aus einer programmatischen Absicht heraus. Man erhob als Gruppe Anspruch auf einen eigenen

Mercedes Barcha

Platz in der kargen nationalen literarischen Landschaft, hatte nun ein Sprachrohr für die gemeinsame Auffassung von Literatur, die sich in der Auswahl der ausländischen Prosa und in den selbst beigesteuerten Erzählungen spiegelte, und ein gemeinsames Objekt der lustvollen Arbeit und Diskussion.

Neben der Redaktionsarbeit lieferte García Márquez Übersetzungen von Kriminalgeschichten aus dem Französischen, illustrierte den einen oder anderen Beitrag[40] und kümmerte sich auch noch um die Herstellung des Blatts.

Im Laufe des Jahres 1950 veröffentlichte García Márquez sechs Erzählungen in «Crónica», darunter *Das Haus der Buendías*, ein Text, der, ebenso wie zwei Beiträge in «El Heraldo» (*Die Tochter des Obersts, Der Sohn des Obersts*), als *Notizen* zu einem Roman bezeichnet wird. Diese Beiträge geben einen interessanten Einblick in die Arbeitsweise des Autors. Fünfzehn Jahre, bevor er *Hundert Jahre Einsamkeit* tatsächlich schreibt, umkreist er Motive – der Oberst, die Folgen des Bürgerkriegs, die Familie, das Haus –, die ihm wichtig sind, und tastet sich an das fiktive Ambiente heran, in dem sie sich zum Leben entfalten können. García

Márquez geht noch nicht von einem übergeordneten Aufbauplan aus, sondern versucht sich eher intuitiv an einzelnen Personen, um den Stil zu finden, der, wie er es nennt, das Ganze *glaubhaft* macht und damit die Geschichte erzählbar. Obwohl es sich nur um Skizzen handelt, ist doch ein wesentlicher Unterschied zu den bisherigen Erzählungen erkennbar, und zwar in der Wahl der Figuren und der zeitlichen und räumlichen Konkretion.

Noch nicht von dem neuen Erzählstil geprägt ist die Erzählung *Zwiesprache des Spiegels*, die ein gutes Jahr früher geschrieben wurde und die García Márquez als einzige von seinen bislang in «El Espectador» erschienenen noch einmal in «Crónica» veröffentlicht hat. Sie verdient mehr Beachtung, als ihr bisher zuteil geworden ist. Ähnlich wie in *Die andere Rippe des Todes* geht es auch hier um einen toten Bruder, um die Identifikation mit dem Toten, und auch das Doppelgänger/Wiedergänger-Motiv taucht erneut auf. Der Einbruch des Unwirklichen wirkt in dieser Erzählung jedoch zum erstenmal nicht gesetzt, sondern ereignet sich unglaublich-glaubhaft in einer konkreten Szene – der Held rasiert sich vor dem Spiegel, und sein Spiegelbild gewinnt ein unmerkliches und um so unheimlicheres Eigenleben. Man fühlt sich an frühe Erzählungen von Julio Cortázar erinnert, und es fällt nicht schwer, sich vorzustellen, daß der Erzähler García Márquez auch eine andere als die dann eingeschlagene Richtung hätte wählen können. Hinzu kommt, daß *Zwiesprache des Spiegels,* was ganz aus dem bisherigen Erzählduktus herausfällt, einen humoristischen Schluß hat: dem Helden steigt der Geruch eines Nierengerichts in die Nase, *und er fühlte mit Befriedigung... daß in seiner Seele ein großer Hund sich anschickte, mit dem Schwanz zu wedeln*[41].

Die alltägliche Wirklichkeit Lateinamerikas gewinnt indes zunehmend Einfluß auf das Schreiben des Autors, ohne daß damit die bisherige Todes- und Zeit-Thematik aufgegeben würde. Allerdings erhält diese eine neue Konkretion und zugleich eine neue metaphysische Dimension, die des Fatums, die nicht zuletzt dem Faulknerschen Einfluß geschuldet ist. In einem Podiumsgespräch aus dem Jahre 1967 hat García Márquez die Bedeutung Faulkners für seine Generation zu erklären versucht: *...wir sahen unsere Realität und wollten sie erzählen, wir wußten, daß weder die Methode der Europäer noch die traditionelle spanische Methode dazu geeignet war, und plötzlich haben wir herausgefunden, daß Faulkners Methode überaus passend war, um diese Wirklichkeit zu erzählen.*[42]

Obgleich die jungen Autoren eine eigenständige Literatur schaffen wollten, knüpften sie nicht an die nationale Literatur an (die sich an den europäischen Realismus des 19. Jahrhunderts anlehnte und in genrehaften Schilderungen die lateinamerikanische Wirklichkeit einbezog), sondern suchten neue Impulse in den Werken der angelsächsischen Autoren.[43] Es faszinierten sie die Vielzahl der Perspektiven, die Möglichkeiten des inneren Monologs und die neue Freiheit in der Behandlung von Zeit

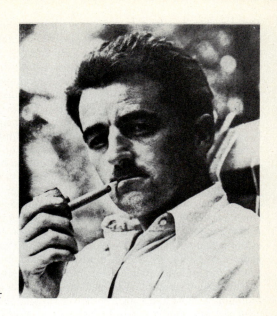
William Faulkner

und Raum, die sie bei Autoren wie James Joyce, Virginia Woolf und William Faulkner entdeckten, sowie deren Verzicht auf außerliterarische Sinnstiftung. Daß Faulkner dann das entscheidende Vorbild wurde[44], ist vor allem darauf zurückzuführen, daß dieser eine von sozialen Anachronismen geprägte und zukunftslose Welt schilderte, die der ihren von den gesellschaftlichen und sozialen Gegebenheiten her ähnelte; in den Worten von García Márquez: *Ich vergesse nicht, daß die Grafschaft Yoknapathawpa an das Karibische Meer grenzt.*[45]

Biographische wie historische Gründe kamen hinzu. García Márquez schrieb seinen ersten Roman in der Zeit der violencia, die jeden Gedanken an einen historischen Fortschritt desavouierte. Die Geschichte der Bürgerkriege schien sich nach 50 Jahren zu wiederholen, sie wurde von Menschen erlitten, die objektiv keine Chance hatten, sich selbst als Subjekt der Geschichte zu verstehen. Bestimmend war die Erfahrung der Vergeblichkeit, der Ohnmacht und der Isolation im Rahmen einer allgemeinen Stagnation, die García Márquez am eindrücklichsten in dem heruntergekommenen Aracataca erlebt hatte.

Anfang 1951, die Niederschrift von *Laubsturm* war schon fortgeschritten, verläßt García Márquez Barranquilla und zieht erneut nach Cartagena. Warum der Autor jenes intensive Leben in Barranquilla, das er nostalgisch noch heute preist, damals aufgab, ist ungewiß. Das Interesse an dem gemeinsamen Projekt «Crónica» war zumindest abgeflaut, trotz des hohen Standards der Zeitschrift [46]; sie hatte wohl ihre aktuelle Funktion für die jungen Leute erfüllt und wurde dann einige Monate, nachdem García Márquez die Redaktion verlassen hatte, eingestellt.

Nach Cartagena war inzwischen auch die Familie des Autors gezogen. García Márquez mußte sie zeitweise finanziell unterstützen, und so nahm er ein Darlehen bei «El Heraldo» auf, das er in *Jirafas* abzahlen sollte. Er arbeitete also auch von Cartagena aus weiter für Barranquilla. Und – ein Indiz dafür, daß er sich in einer Situation des Innehaltens und Suchens befand – er startete noch einen Versuch, sein Jurastudium zu beenden. Als er jedoch erfuhr, daß er das dritte Studienjahr wegen einiger nicht bestandener Prüfungen wiederholen sollte, gab er die Jurisprudenz endgültig auf. In den folgenden Monaten arbeitet er sporadisch wieder für «El Universal» (keine gekennzeichneten Beiträge), fungiert als Mitarbeiter bei der Volkszählung, gründet, nachdem er im Juli seine Schuld an *Jirafas* abgeschrieben hat, im September eine kostenlose Minizeitschrift «Comprimido», eine Zusammenfassung aktueller Nachrichten, die er nach sechs Nummern wieder einstellt, und schickt das Manuskript von *Laubsturm* an den Verlag Losada in Buenos Aires.

Was immer García Márquez in Cartagena außer der Beendigung seines Studiums gesucht hatte, nach genau einem Jahr, im Februar 1952, kehrte er nach Barranquilla in den Freundeskreis zurück. Dessen Zusammenhalt findet noch einmal publizistischen Ausdruck anläßlich des Todes von Ramón Vinyes, der zwei Jahre zuvor nach Barcelona zurückgekehrt war.

García Márquez nimmt wieder die Arbeit für «El Heraldo» auf, produziert aber nicht mehr so regelmäßig wie ehemals *Jirafas*. Auffallend ist, daß die fiktionalen Texte seltener werden. – Die letzte Original-Erzählung in der Sonntagsbeilage des «Espectador» ist 1951 erschienen: *Nabo. Der Schwarze, der die Engel warten ließ*, ein Stück Erzählprosa, das nun schon lokale, typische Züge trägt und in der Figurenkonstellation ein soziales Geflecht erkennen läßt.

Die Hoffnung auf eine Veröffentlichung von *Laubsturm* zerschlug sich. Die Ablehnung des Manuskripts wurde nicht von irgendeinem Lektor, sondern von dem damaligen Literaturpapst, dem spanischen Kritiker Guillermo de Torre geschrieben. Guillermo de Torre lebte in Buenos Aires und gehörte zu der Gruppe von Intellektuellen um Jorge Luis Borges und die von Victoria Ocampo geleiteten Zeitschrift «Sur». Das Verdienst von «Sur» war es, moderne amerikanische, aber vor allem europäische Literatur dem lateinamerikanischen Publikum in Übersetzungen bekannt zu machen. Die Zeitschrift, die das Literaturverständnis einer Generation verändert hatte, war universalistisch ausgerichtet und allem Genrehaften und Folkloristischen abhold (und zu stark auf Europa fixiert, wie später die Kritiker meinten). Auch García Márquez und seine Freunde waren von ihr geprägt worden. *Wir waren mit einem Buchhänd-*

ler befreundet, dem wir bei seinen Bestellungen halfen. *Es war für uns jedesmal ein Fest, wenn eine Kiste aus Buenos Aires mit Büchern der Verlage Sudamericana, Losada und Sur ankam, diesen herrlichen Sachen, die Borges' Freunde übersetzten.*[47]

Ausgerechnet von dieser Seite kam die Abfuhr. Guillermo de Torre bescheinigte dem jungen Autor zwar einen beachtlichen Sinn für Poesie, riet ihm jedoch, das Schreiben zu lassen und sich einer anderen Tätigkeit zuzuwenden.

Ich schreibe, damit mich meine Freunde mehr lieben, formuliert García Márquez seine Motive später, als der Erfolg ihn eingeholt hat: eine Überzeugung, die aus jener Periode stammt und in der ein gewisser Trotz gegenüber dem Rest der literarischen Welt mitschwingt.

Laubsturm

Er tut mir ein bißchen leid, denn er hat es in Eile geschrieben, weil er glaubte, daß ... dies seine einzige Gelegenheit wäre; deshalb hat er versucht, in das Buch alles hineinzulegen, was er bis dahin gelernt hatte, besonders die literarischen Mittel und Kunstgriffe, die er von den nordamerikanischen und englischen Romanschriftstellern, deren Bücher er gerade las, übernommen hatte.[48] So García Márquez sehr viel später über jenen jungen Mann, der in den Nachtstunden an seinem ersten Roman schrieb.

Das Motto für den Roman hat García Márquez aus Sophokles' «Antigone» gewählt: die Ankündigung des Verbots, den Polyneikes zu begraben. Das ist nicht nur als gebildete Anspielung auf das Leitmotiv des Romans zu verstehen. Hier wird der Anspruch auf Teilhabe an der Geschichte und Kultur des Menschengeschlechts geltend gemacht. Der Roman ist weit mehr als ein Übungsfeld für angelernte literarische Techniken. Es ist vor allem der erste Versuch des Autors, die Welt seiner Kindheit aufzuheben in einem literarischen Universum mit Namen Macondo (den er von einem nahe Aracataca gelegenen Landgut entlehnte), das viele Züge von Aracataca aufweist und dennoch eine eigene geschlossene poetische Wirklichkeit darstellt.

Dem Roman ist ein Prolog vorgeschaltet, der aus einer Überschau dieses vom Laubsturm erfaßte Macondo charakterisiert.[49] Die Geschichte selbst wird dann in Monologen erzählt. Ein Toter liegt aufgebahrt in seinem heruntergekommenen Haus. Ein alter Oberst, seine Tochter Isabel und ihr Kind (das an jenes erinnert, das auf dem Stühlchen sitzend den Schauergeschichten der Großmutter zuhörte) halten die Totenwache. Sie sind die drei Erzähler, aus deren Gedanken und Erinnerungen wir etwas über die Vorgeschichte dieses Todesfalls erfahren.

Jede Person gibt ihre Version der Ereignisse, die jene der anderen

Aracataca

ergänzt und korrigiert. Der Erzählverlauf ist nicht chronologisch, so daß der Leser auf viele offene Fragen stößt, die sich nur nach und nach und nicht immer vollständig erhellen. Die Neugier wird gereizt, muß aber zuweilen vor Unerklärlichem kapitulieren.

Wir erfahren, daß der Tote ein Selbstmörder ist, ein Arzt, der vor vielen Jahren mit einem Empfehlungsschreiben des Obersts Aureliano Buendía nach Macondo gekommen war und die letzten Jahre in selbstgewählter Isolation verbracht hat. Die Bewohner des Dorfs hassen ihn, weil er nach einem blutigen Zwischenfall am Wahltag seine Hilfe als Arzt verweigert hatte. Dem Oberst aber hat er einmal das Leben gerettet, und dieser hatte ihm versprechen müssen, ihn dereinst zu begraben.

Der Konflikt, der die Geschichte strukturiert, ergibt sich aus dem Willen des Obersts, sein Versprechen zu erfüllen, und der Volksmeinung,

die noch von dem Bürgermeister als Dorfautorität sanktioniert wird, daß der Arzt kein Begräbnis verdient. Dies ist ein Konflikt auch zwischen zwei menschlichen Haltungen, der unversöhnlichen des Volkes (bzw. der opportunistischen des Bürgermeisters) und der unbeugsamen des Obersts, seiner Treue, nicht so sehr zu dem Arzt als zu sich selbst. Dabei gerät der Oberst nicht zum moralischen Helden, seine Haltung ist auch von Trotz einem vorbestimmten Schicksal gegenüber bestimmt, dessen Unabänderlichkeit er wie kein anderer erkennt.

Die Interpreten des Romans haben strukturelle und inhaltliche Parallelen zu der sophokleischen Tragödie und zu Faulkners «Als ich im Sterben lag» herausgearbeitet.[50] Solche Parallelen ändern aber nichts daran, daß hier in erster Linie kolumbianische Wirklichkeit gestaltet wird. Macondo sei, und das hätten die Kritiker nicht entdeckt, die Vergangenheit, hat García Márquez später geäußert.[51] Eine Vergangenheit freilich, die entscheidend die geschichtliche Gegenwart prägt, so wie die Kindheit in Aracataca den Autor prägt. Nicht zufällig ist die Gegenwart des Romans in etwa das Geburtsjahr des Autors.

Die Ohnmacht der Figuren gegenüber der Geschichte, die sie als schicksalhaft erfahren, legt eine fatalistische Deutung des Romans nahe. Ein entsprechender Rückschluß auf das Geschichtsbild des Autors ist jedoch fragwürdig. Denn seine Anstrengung, sich dieser Geschichte und damit auch der eigenen Identität zu vergewissern, kann selbst schon als politischer Akt angesehen werden. Diese Vergewisserung findet nun nicht auf einer rein rationalistischen Ebene statt, sie bedient sich der Legende, des Mythos, des Volksglaubens. Das gilt nicht nur inhaltlich, etwa bezogen auf die Reminiszenzen an biblische Geschichten, antike Mythen sowie den autochthonen lokalen Aberglauben. Solche Anleihen dienen vielmehr dazu, strukturell dieser Vergangenheit Herr zu werden. Die eingearbeiteten Details zur Geschichte und zu den sozialen Verhältnissen in dem Tropendorf verlieren durch diese strukturelle Einbettung etwas von ihrer orts- und zeitspezifischen Besonderheit, der Anspruch auf Allgemeingültigkeit stellt sich ein, und das Erzählte wird zum lokalen und dennoch universellen Paradigma.

Ernesto Volkening hat in einem sehr lesenswerten Aufsatz dargestellt, wie García Márquez eine Entzauberung der Tropen und damit ihre Humanisierung erreicht. Der Mensch wird nicht mehr in dem ungleichen Kampf gegen die Naturgewalten gezeigt, wie noch bei den Vorläufern José Eustacio Rivera und Rómulo Gallegos. «Den Rahmen seiner Erzählungen bildet nicht der in geheimnisvolle Schattenlichter getauchte Dschungel, sondern ein Elend namens Macondo, das sich mit seiner Bürgermeisterei, seiner Pfarrkirche, den am Kirchturm angebrachten Lautsprechern, einem Billardsalon, einem Tanzboden und einer Ansammlung von Zinkblechdächern in nichts von anderen, ebenso verwahrlosten, langweiligen und deprimierenden Macondos der heißen Zone unterscheidet. Ihrer Vegetationsfülle und Farbenpracht beraubt, enthüllt García Márquez' Tropenwelt Trockenheit und Armut und eine farblose, welke, staubige und unerträgliche Trivialität... in dem Maße, wie die dicht belaubte Landschaft des amerikanischen Romans ihre Blätter verliert, als hätte man sie mit einer gewaltigen Heckenschere beschnitten, rückt das Bild des Menschen vom Hinter- in den Vordergrund...»[52]

In *Laubsturm* konkretisiert der Oberst mit seiner aristokratischen Unbeugsamkeit und seinem patriarchalischen Verantwortungsgefühl auf höchst individuelle Weise einen Archetypus, was durch wiederkehrende Epitheta unterstrichen wird. Ähnliches gilt für den Cachorro, den kinderreichen Priester mit seiner weltlichen Strenge, für Meme, die beim Oberst dient, später die Geliebte des Arztes wird und vergeblich eine feine Dame darzustellen versucht, oder auch für den Arzt selbst, den Fremdling schlechthin, dessen Gewohnheit, Gras wie ein Esel zu fressen, schon deutlich macht, daß er nicht integrierbar ist in eine Gesellschaft, und sei sie so dispers wie die von Macondo.

Falls es sich je um eine Gemeinschaft, die der Gründer vielleicht, gehandelt hat, dann vor der Ankunft der hojarasca, des Gesindels, das die Bananen-Gesellschaft mit sich brachte. Die historische Vergangenheit wird hier in Form einer geradezu biblischen Plage evoziert. Aus der Sicht des Obersten, der zu der Gründergeneration gehört, ist sie nicht nur Schuld an dem ökonomischen Niedergang, sondern auch am moralischen Zusammenbruch des Dorfs, sie hat die Normen außer Kraft gesetzt, die Zukunft überhaupt erst ermöglichen. *Vor zehn Jahren, als uns der Ruin überkam, hätte die gemeinschaftliche Anstrengung jener, die sich wieder heraufarbeiten wollten, für den Wiederaufbau gelangt... Den Laubsturm hatte man jedoch gelehrt, ungeduldig zu sein; weder an die Vergangenheit noch an die Zukunft zu glauben. Man hatte ihn gelehrt, an den Augenblick zu glauben und in ihm gefräßig die Begierden zu stillen...*[53]

In dem Bild des Laubsturms wird einer der induzierten Gründe der Unterentwicklung dargestellt. Die Bananen-Gesellschaft, sprich der Neokolonialismus, hat ein Bewußtsein geschaffen, das, da von der eigenen Geschichte entfremdet, auch keine Kraft für eine Zukunft mobilisie-

Bananenverladung für die United Fruit Company

ren kann. Eine derart soziologisierende Interpretation würde García Márquez eher mißfallen; der Text aber läßt sie zu, und die Aufhebung der Chronologie sowie der Zeit als strukturierendem Element im Roman unterstützt sie. Die Zeit wird vor allem als Stillstand erfahren, ein Stillstand des Todes, wie in jenem Zimmer, wo der Arzt aufgebahrt ist und drei Generationen ihren Gedanken nachhängen. Es ist die Zeit des Mythos, eine Gegenwärtigkeit des Erinnerten, in der die Anfänge Macondos in der Legende aufgehoben sind und sein Ende in Isabels apokalyptischer Vision von dem Wind, der alles hinwegfegt, vorweggenommen wird.

Schon von seiner komplizierten Komposition, den gekonnt eingesetzten Perspektiv- und Zeitwechseln sowie der geschickten Enthüllungsdramaturgie her macht der Roman keineswegs den Eindruck eines ungelenken Erstlingswerks. So kann man als Grund für die Ablehnung durch den Verlag Losada nur vermuten, daß es vielleicht gerade das deutlich regional Gebundene des universellen Anspruchs und die mythischen Ansätze waren, die mißfielen; daß dieser neue Schritt auf der Suche nach einer spezifisch lateinamerikanischen Identität im eher existentialistisch und europäisch orientierten Buenos Aires nicht erkannt wurde.

Den Weg zum Leser fand *Laubsturm* vorerst jedenfalls nicht. Nur ein während des Entstehungsprozesses abgespaltenes Kapitel des Romans wurde dem Zeitungspublikum vorgestellt. Es handelt sich um einen inneren Monolog der Tochter des Obersten, die eine kleine Sintflut miterlebt. Die vier Tage, in denen es ununterbrochen regnet, verändern das Zeit-

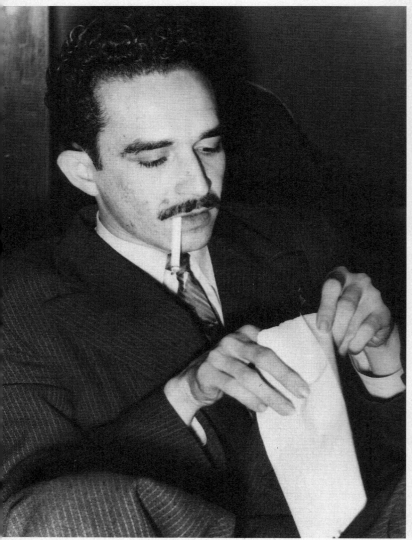
Gabriel García Márquez

und Lebensgefühl der Bewohner; Stillstand, Verfall, Zersetzung betreffen gleichermaßen das Dorf, die Tiere und das menschliche Gemüt. Nicht das Deutung heischende Symbol, sondern die individuelle Konkretion des Allgemeinen, etwa das Versinken einer Kuh im Schlamm, macht das Eigentümliche des Erzählens aus.

Das Prosastück erschien unter dem Titel *El invierno*[54] in der Weihnachtsausgabe 1952 von «El Heraldo» und bildete den Abschluß der Mitarbeit des Autors an dieser Zeitung.

Den Mythen auf der Spur (1952–1954)

Schon aus der abnehmenden Zahl der *Jirafas* gegen Ende 1952 ist abzulesen, daß García Márquez die Lust an dieser Routinearbeit verloren hatte. Sein Interesse für die Kultur seiner Region, das sich bereits in früheren Beiträgen als unfolkloristische Verteidigung der Volksmusik und der «vallenatos», jener Erzählgesänge zwischen Romanze und Moritat (die er im Freundeskreis auch selbst zur Gitarre vortrug), geäußert hatte, war wohl der Grund für mehrere kleine Reisen durch das Küstengebiet, eine davon gemeinsam mit dem populären Cumbia-Musiker Rafael Escalona. Im Jahre 1952 schrieb García Márquez einen mehrteiligen Bericht über La Sierpe, eine abgeschiedene Gegend an der Atlantikküste, deren Bewohner ihn durch ihre eigentümlichen Lebensgewohnheiten fasziniert hatten.

Ihr Zusammenleben wurde durch die Berufung auf eine mythische Figur, die Marquesita, bestimmt, eine schöne Spanierin, die als Eigentümerin weiter Ländereien den Vorfahren der Bewohner Wohltaten erwiesen hatte. Die Überlieferung schreibt ihr übernatürliche Kräfte zu. So soll sie – dank eines Pakts mit dem Teufel – allerlei geheime Gebete gegen jegliches Übel gekannt haben und diese Kräfte auf ihr nahestehende Familien vererbt haben, die sie dann weitervererbten. Seitdem ist die soziale Hierarchie davon bestimmt, wer diese Kräfte besitzt: etwa zum Schutz vor Schlangenbissen oder zur Heilung der Rinder von der Würmerplage.[55]

Was García Márquez neben der Tatsache, daß hier die Vergangenheit in Form des Mythos gegenwärtig ist, wohl besonders beeindruckt hat, war die dadurch gegebene Erweiterung der Wirklichkeit durch Elemente des Irrationalen, die, da sie im realen Leben wirksam waren, nicht als irreal abgetan werden konnten. Die Form seines Berichts trägt dem Rechnung. Der Autor referiert das, was ihm offenbar erzählt worden ist, als entspringe es der unmittelbaren Anschauung einer wunderbaren Wirklichkeit, und stellt es auch nicht vom Standpunkt eines aufgeklärten Berichterstatters aus in Frage. Da die Perspektive des Erzählenden nicht erkennbar ist, bleibt offen, ob sich das Erzählen verselbständigt hat und aus dem Bericht Fiktion geworden ist. *Es war eine Realität, die im Bewußtsein der Leute lebte; so, wie sie es dir erzählten, hegtest du keinerlei Zweifel daran, daß das so war. In gewisser Weise ist das die Methode von «Hundert Jahre Einsamkeit».*[56]

Die Affinität des Autors für solche Erweiterungen der Realität war schon in *Laubsturm* deutlich geworden, etwa in der kleinen Episode, in welcher der Herzog von Marlborough im Tigergewand auftaucht. Was hat der englische Feldherr in den Tropen zu suchen? Fahndet man nach einer tieferen Bedeutung, einem Symbol gar, ist man schon auf dem Irrweg. García Márquez hat in späteren Interviews erklärt, wie es dazu kam. Als Kind habe er, wie die anderen auch, das Lied «Mambrú se fue a la guerra...» (spanisch verballhornte Form des französischen Marlborough-Lieds) gesungen und seine Großmutter eines Tages gefragt, wer dieser Mambrú denn sei. Die Großmutter, offensichtlich überfragt, hatte geantwortet, das sei einer, der im Bürgerkrieg zusammen mit dem Großvater gekämpft habe. Als er später erfuhr, um wen es sich tatsächlich handelte, hatte er sich jedoch von der Version seiner Großmutter nicht trennen mögen. Eine Caprice, könnte man meinen, hinter der jedoch eine andere Art von Wahrheit verborgen ist, denn mit dem Lied hatte der Herzog von Marlborough ja tatsächlich Eingang in diese fremde Gegend und ihre Vorstellungswelt gefunden. So sagt diese Anekdote einiges aus über García Márquez' eigene Art, Wahrheit zu erfahren und darzustellen.

Anfang 1953 sind für ihn ein abgelehnter Roman (für den er keinen neuen Verlag sucht) und ein aufgegebener Redakteursposten die Ausgangsbasis, von der aus er etwas Neues beginnen muß.

Sein Freund Alvaro Cepeda Samudio sorgt für ein weiteres journalistisches Abenteuer. «El Nacional» in Barranquilla ist auf Expansionskurs und offeriert Cepeda, der in den USA eine journalistische Ausbildung absolviert hatte, die Stelle eines leitenden Redakteurs. Cepeda holt García Márquez dazu. (Dieses Muster wird sich wiederholen, immer sind es Freunde, die García Márquez Arbeit beschaffen; er selbst scheint sich, wohl aus dem so dringenden wie unrealistischen Wunsch heraus, nur Bücher zu schreiben, nicht darum zu kümmern.) Cepeda ist für die Frühausgabe und García Márquez für die Spätausgabe der Zeitung zuständig, eine aufreibende Arbeit, die García Márquez nach ein paar Monaten wieder aufgibt.

Einen eher pittoresken Zug hat seine Tätigkeit als Handlungsreisender für Bücher. Diese Episode ist nicht genau datierbar, aber es steht fest, daß er einige Monate lang Enzyklopädien in den Ortschaften an der Atlantikküste angeboten hat und diese Zeit dazu nutzte, weiter in die Wirklichkeit seines Landes einzudringen. Auf einer dieser Reisen – er lag, wie er Plinio Apuleyo Mendoza erzählte, vor Hitze fiebernd in einem verschlagartigen Hotelzimmer – las er Virginia Woolfs «Mrs. Dalloway», ein Erlebnis, das, konzentriert auf einen Absatz des Romans, seine gesamte Vorstellung von Zeit umgewälzt haben soll: «Erhabenheit fuhr verborgen vorüber, nur eine Handbreit entfernt von gewöhnlichen Leuten, die sich jetzt zum ersten und letzten Mal so nah der Majestät Englands befanden, des dauerhaften Sinnbilds des Staates, das wißbegierigen Altertumsforschern bekannt sein würde beim Sichten der Ruinen der Zeit, wenn London nicht mehr als ein grasüberwachsener Weg und die Leute, die an diesem Mittwochmorgen dort durch die Straßen gingen, nur noch Gebeine wären mit ein paar unter ihren Staub gemengten Eheringen und den Plomben unzähliger verfaulter Zähne.»[57]

Diese Sicht, die im Gegenwärtigen Entstehen und Vergehen begreift, entsprach genau dem, was er erreichen wollte – und was ihm nach eigener Ansicht in seinem ersten Roman noch nicht zufriedenstellend gelungen war.

Filmkritik und Reportagen in Bogotá (1954/55)

Die Freundschaft mit dem Lyriker Alvaro Mutis, in Cartagena geschlossen, führte García Márquez wieder nach Bogotá. Mutis gab die von der Firma ESSO gesponserte Kulturzeitschrift «Lámpara» heraus, in der die erste Folge von García Márquez' Bericht über La Sierpe erschienen war. Auch dies ein tätiger Freund: er verschaffte García Márquez eine feste Anstellung bei «El Espectador». Nach seinen Erfahrungen als Reisevertreter muß dieses ‹seriöse› Angebot etwas Verlockendes gehabt haben, insbesondere weil es dem Journalisten neue Bereiche eröffnete: Er sollte für Filmkritik zuständig sein und Reportagen schreiben.

García Márquez bespricht nun fast sämtliche Filme, die in der Hauptstadt anlaufen. Jacques Gilard hat diese Filmkritiken analysiert und die Bewertungsmuster herausgefiltert. García Márquez schenkt der spezifisch filmischen Sehweise, der technischen Perfektion und dem menschlichen Kern der Geschichten besondere Aufmerksamkeit. Das bewahrt ihn nicht vor Fehlurteilen. Seine Offenheit für den europäischen Film bei gleichzeitiger Abneigung gegen Kommerzware aus Hollywood läßt ihn etwa mittelmäßige französische Filme hochloben, während er bedeutende amerikanische Produktionen wie zum Beispiel «Johnny Guitar» verdammt. Seine besondere Liebe aber gilt dem italienischen Neorealismus. In Vittorio De Sicas Filmen «Fahrraddiebe» und «Das Wunder von Mailand» erkennt er die Fähigkeit, soziale und menschliche Konflikte in einzigartigen Bildern aufscheinen zu lassen. Als beispielhaft hebt er gerade das hervor, was ihn selbst auf der Ebene der Literatur beschäftigt: *Die Geschichte von «Das Wunder von Mailand» ist ein richtiges Märchen, nur daß es sich in einer ungewöhnlichen Umgebung vollzieht und das Wirkliche und das Phantastische auf geniale Weise derart vermischt sind, daß man oft nicht erkennen kann, wo das eine aufhört und das andere*

Als Journalist bei «El Espectador», 1954

anfängt... Die menschliche Kraft, die die Regisseure... der Handvoll Bettler einzuflößen vermochten, der Wahrheitsgehalt jeder auch noch so unsinnig erscheinenden Situation, die Atmosphäre aus nacktem Elend und unendlichem Traum und die Lebendigkeit, die sich sogar auf Statuen überträgt, sind das, was «Das Wunder von Mailand» zu einem außergewöhnlichen ... menschlichen Film macht.[58]

Bei seinen Filmkritiken wurde García Márquez sichtlich vom pädagogischen Eros geleitet. Es gab in Kolumbien so wenig einen nationalen Film wie ein dafür im Sehen geschultes Publikum, was García Márquez als entscheidendes Defizit für die kulturelle Eigenständigkeit des Landes empfand. Und wenn der Autor 35 Jahre später Geld, Arbeit und seinen Namen in den Aufbau einer Filmakademie in Kuba einbringt, in der bevorzugt junge Cinéasten aus der Dritten Welt ausgebildet werden, so leitet ihn eben diese Erkenntnis.

Damals begleitete er die kargen Ansätze zu einem nationalen Filmschaffen wohlwollend und versuchte zugleich, den Zuschauern Kriterien zur Bewertung anzubieten. Wenn auch die Filmkritik des Autors nicht das internationale Niveau erreichte, war sie doch in ihrer Systematik ungewöhnlich für lateinamerikanische Zeitungen, die sich sonst eher mit den Filmstars und deren Privatleben als mit Regisseuren und deren Methoden zu beschäftigen pflegten.

Für die Entwicklung des Schriftstellers García Márquez ist seine damalige Tätigkeit als Reporter (und die dabei erarbeiteten Techniken zur Darstellung von Wirklichkeit) jedoch wichtiger. Am Anfang steht sein Bericht über die Veteranen des Korea-Kriegs. Auch Kolumbien hatte sich mit einem militärischen Beitrag an der Seite des großen amerikanischen Bruders hervortun wollen. Den Kriegsfreiwilligen, die gehofft hatten, auf diese Weise ihre miserable wirtschaftliche Lage zu verbessern, war die Aktion schlecht bekommen. Zunächst als Helden gefeiert, hatten sie ihren Sold bald ausgegeben und standen nun, oft noch psychisch vom Krieg geschädigt, vor dem Nichts. An diesem Bericht wird deutlich, wie García Márquez jetzt auch die Gelegenheit nutzt, seine politischen Überzeugungen zu äußern – und das unter der Militärregierung von Rojas Pinilla.

In diese Zeit fällt seine Annäherung an die kommunistische Partei Kolumbiens. Bis zur Mitgliedschaft ist es nie gekommen, aber er hat als Sympathisant an den Treffen einer Parteigruppe teilgenommen und dort Informationen erhalten, die für seine journalistische Arbeit ergiebig waren. Auch wenn er von seinen kommunistischen Freunden oft Kritik wegen seines unorthodoxen politischen Verhaltens zu hören bekommen sollte, hat er ihnen über die Jahre hinweg eine kritische Solidarität bewahrt, die dem Ziel einer gerechteren sozialistischen Zukunft gilt.

Als Anklage gegen die Zukunftslosigkeit kann man seinen damaligen Bericht über den Chocó lesen, ein Gebiet im Nordwesten Kolumbiens, das so gut wie abgeschnitten vom Rest des Landes war. Die wirtschaftlichen und sozialen Probleme, die sich aus dieser Lage ergaben, waren von den Bewohnern ertragen worden, bis ruchbar wurde, daß die Regierung, statt Hilfsmaßnahmen einzuleiten, das Gebiet des Chocó in verschiedene Bereiche zerstückeln wollte. Meldungen über Demonstrationen erreichten die Hauptstadt, und der Reporter machte sich auf den Weg. Unter dem Titel *Der Chocó, den Kolumbien nicht kennt* [59] schreibt er in mehreren Folgen über die Probleme in der vergessenen Region und über den heroischen Aufstand der Bevölkerung.

Jahre später hat García Márquez, mit Nostalgie seiner Abenteuer als Reporter gedenkend, erzählt, was sich tatsächlich zugetragen hatte: *Eine Höllensonne brannte, als ich nach tausend Zwischenfällen... in ein verlassenes und verschlafenes Städtchen kam, in dessen staubigen Straßen die Hitze die Bilder flirren ließ. Es gelang mir, die Wohnung von Primo Guerrero* (eines Korrespondenten) *ausfindig zu machen, und als ich bei ihm ankam, lag er in seiner Hängematte bei der Siesta... Er erklärte mir, nein,*

Marktszene in Bogotá

in Quibdó finde nichts statt, er habe es dennoch für rechtens gehalten, Protestmeldungen zu schicken. Da ich aber zwei Tage unterwegs gewesen war und der Fotograf entschlossen war, nicht mit einem jungfräulichen Film heimzukehren, beschlossen wir im Einverständnis mit Primo Guerrero, eine Behelfskundgebung zu organisieren, die dann mit Trommeln und Sirenen auf die Beine gebracht wurde. Nach zwei Tagen war die Information in der Zeitung, und nach vier Tagen kam aus der Hauptstadt ein Heer von Reportern und Fotografen, die nach den Menschenströmen Ausschau hielten. Ich mußte ihnen erklären, daß in diesem elenden Kaff alles schliefe, aber wir haben ihnen dann eine neue Massendemonstration organisiert, und so wurde der Chocó gerettet.[60]

Dieser journalistische Streich bedeutete einen Einbruch der Fiktion in die gesellschaftliche Wirklichkeit. In García Márquez' Bericht kommen jedoch auch deprimierende Wahrheiten über jenes Gebiet zum Ausdruck. *Die Leute leben schlecht, essen schlecht und erinnern sich voll Sehnsucht und stummer Erbitterung jener Zeiten, in denen im Dorf ein immerwährendes Fest von Babel war. Die Russen, die Schweden, die Chinesen, alle verzweifelten Abfälle der Welt, die vom Orkan des Platins dorthin getrieben worden waren, gingen unter den leuchtenden Kandelabern jener Häuser durch, in denen Banknoten verbrannt wurden wie in der*

Bananenzone und in denen man heute nicht tanzen kann aus Angst, daß sie einstürzen.[61]

Seine Reise in den Chocó muß für García Márquez auch eine Wiederholung seiner Erfahrungen mit dem heruntergekommenen Kindheitsparadies Aracataca gewesen sein. Sein Bericht hat aber zugleich eine utopische Dimension, und zwar in der Darstellung der Menschen. *Jene verhaltene Rebellion, jener unerbittliche und verbissene Kampf gegen ein widriges Geschick, das sie nicht begreifen können, macht den wesentlichen Kern ihrer Psychologie aus.*[62] Es ist nicht anzunehmen, daß García Márquez alles erfunden hat, was er über die Bewohner des Chocó schreibt; er bemüht sich aber gezielt, das wenige aufzuspüren und zu betonen, was geeignet sein könnte, das Ende von Einsamkeit und Isolation herbeizuführen. Den kollektiven Protest mußte der Journalist dann aber doch noch selbst inszenieren.

Folgenreicher für den Autor selbst war seine Reportage über den Matrosen Velasco, der von seinem Schiff gespült worden war und auf wundersame Weise die zehn Tage, die er ohne Nahrung in einem Floß auf dem Meer trieb, überlebte. García Márquez hatte nach langen Interviews

García Márquez (links) mit dem Maler Armand Villegas

einen Bericht in der Ich-Form verfaßt, der dann auch unter Velascos Namen erschien.[63] Was dieser so bildhaften wie dramatischen Geschichte eines Überlebenskampfs politische Brisanz gab, war die Tatsache, daß Velasco und seine ertrunkenen Kameraden nicht, wie offiziell behauptet, bei einem Sturm über Bord gegangen waren, sondern daß eine auf dem Kriegsschiff schlecht vertäute Ladung Schmuggelware sie in die Tiefe gerissen hatte. Die Regierung dementierte, García Márquez schaffte als Beweis Fotos heran, die Druckauflage der Zeitung stieg während der vierzehn Folgen, aber auch der politische Druck nahm zu, die Drohungen wurden massiver. «El Espectador» zog den Starreporter – der García Márquez inzwischen war – aus der Schußlinie und entsandte ihn im Juli 1955 nach Europa, von wo aus er über die Genfer Verhandlungen der vier Großmächte berichten sollte.

Zwei Monate zuvor war in Bogotá *Laubsturm* erschienen. Der Kleinverleger, der sich des Manuskripts angenommen hatte, war jedoch verschwunden, als die gedruckten Exemplare vorlagen, und so mußten García Márquez und seine Freunde die Auflage bezahlen und sich darum kümmern, den Roman im Buchhandel unterzubringen – ein schwieriges Unterfangen. Einzelne positive Rezensionen konnten auch nicht für eine weitere Verbreitung des Buchs sorgen.

Die langen Jahre bis zum Durchbruch

Ein Lateinamerikaner in Paris (1955–1957)

Dem Achtundzwanzigjährigen stand nun die weite Welt offen, so könnte man meinen. García Márquez aber ging auf Distanz zu den Wundern des Abendlandes. Er hat seinen Europa-Aufenthalt nicht als Bildungsreise begriffen; fast wirkt es so, als sei er mit dem festen Entschluß gekommen, sich nicht beeindrucken zu lassen. Dahinter muß aber wohl der Wille gesehen werden, seine lateinamerikanische Identität nicht wie so viele Europa-Pilger vor ihm zu verraten. Dazu mag beigetragen haben, daß er deutlich erlebte, was ein kolumbianischer Reporter in Europa wert war. Er kam an entscheidende Materialien und Quellen nicht heran und mußte sich in der Presse, also aus zweiter Hand, informieren.

Nach Abschluß der Genfer Konferenz führte ihn der krankhafte Schluckauf von Pius XII. und die Vermutung, daß dieser daran sterben könnte, nach Rom. Der Papst jedoch erholte sich, und für García Márquez begann eine angenehme Zeit. Seiner Liebe zum Film nachgehend schrieb er sich im Centro Sperimentale di Cinematografia für einen Regiekurs ein. Er lernte dort Guillermo Angulo kennen, einen weiteren Freund fürs Leben. Nebenher verfaßte er einige Artikel für Bogotá, etwa über den Fall Wilma Montesi[64], oder berichtete von der Biennale aus Venedig; das alles für einen recht großzügigen Monatswechsel von 300 Dollar. In der Hoffnung, seinem Schwarm Sophia Loren näher zu kommen, arbeitete er bei einer Filmproduktion mit. Wochenlang war er dafür zuständig, die Schaulustigen vom Drehgelände fern zu halten und kam so wenig wie diese in die Nähe der Stars.

In diese Zeit fällt eine außerberufliche Reise über Wien nach Prag und Polen. Vermutlich trieb den Sozialisten die Neugier auf den ‹besseren› Teil der Welt.[65] Im Dezember 1955 siedelte er dann nach Paris über. Kurz nach seiner Ankunft traf er einen ehemaligen Studienkollegen aus Bogotá wieder, den Journalisten Plinio Apuleyo Mendoza, dem ein ge-

Gabriel García Márquez (rechts) und Plinio Apuleyo Mendoza

naues Porträt des Schriftstellers aus jener Zeit zu verdanken ist. Den Landsmann, der in der Bar «Chope Parisienne» scheinbar herablassend über Faulkner sprach, hielt Plinio Apuleyo Mendoza zunächst für einen eingebildeten Kerl, und auch Freunde, zu denen er ihn dann mitnahm, zeigten sich nicht begeistert. «Es war Heiligabend», erzählt Plinio Apuleyo. «Es schneite. Plötzlich, als wir auf die Straße kamen, machte diese

Person, die so widerborstig wie ihr Schnurrbart war, eine unvernünftige Verwandlung durch. Als er die weiße Straße sah, die weißen Laternen, die weißen Autos, die weißen Flocken, die auf seine Handschuhe und seinen Mantelkragen fielen, erstarrte er vor Staunen: er hatte, außer auf Weihnachtskarten, nie zuvor Schnee gesehen. Unvermutet rannte er los. Er rannte und hüpfte, hüpfte und rannte und schrie dabei wie in jubelndem Delirium: ‹Schnee!› Erleichtert dachte ich: ‹Das ist ein Verrückter.› Seitdem sind García Márquez und ich Freunde.»[66]

García Márquez hatte damit gerechnet, in Paris eine Weile als wohldotierter Korrespondent zu leben. Das böse Erwachen kam bald. Einer kleinen Notiz in «Le Monde» entnahm er, daß «El Espectador» von der Militärregierung verboten worden war. Er nahm es nicht so ernst. Und tatsächlich wurde wenig später als Ersatz «El Independiente» gegründet, für den er noch einige Beiträge (über die Geheimnisverrats-Affäre[67], die damals Frankreich erschütterte) schreiben konnte. Dann wurde auch diese Zeitung geschlossen und ihm das Flugticket für die Rückfahrt geschickt. Inzwischen aber hatte García Márquez sich in Paris ‹festgeschrieben›. Ein wahrer Vorfall, den er über seine Verlobte Mercedes kannte (die derweil geduldig in Barranquilla auf ihn wartete), hatte ihn zu einer Erzählung angeregt. In Sucre waren eines Tages Schmähzettel an den Wänden erschienen, es kam zu Verdächtigungen und sogar zu blutigen Auseinandersetzungen, woraufhin einige Familien das Städtchen verlassen hatten.

Nach gut einem Jahr schriftstellerischer Enthaltsamkeit[68] machte sich der Autor an die Arbeit und stellte bald fest, daß das, was er schrieb, den Rahmen einer Erzählung sprengte. Es konnte nur ein Roman (*Die böse Stunde*) werden. Er beschloß, das Geld für das Rückflugticket als Stipendium zu benutzen. Beim Schreiben bemerkte er, daß ein Motiv, die Geschichte eines Obersts, der auf seine Pension wartet, sich abermals verselbständigte. Er legte den Roman beiseite, um sich erst einmal diese Geschichte von der Seele zu schreiben. Und die geriet ihm wiederum zum (Kurz-)Roman: *Der Oberst hat niemand, der ihm schreibt.*

Während er noch daran feilte – neun Fassungen soll es gegeben haben –, war das Geld längst verbraucht. Und er lernte Paris von der grauesten Seite her kennen: «Mit den Knien dicht am Heizkörper, das Bild seiner Verlobten, Mercedes, in Blickrichtung mit einer Nadel an die Wand gesteckt, schrieb Gabriel jede Nacht bis zum Morgengrauen... Auch er, genau wie sein Held, wußte nicht, wovon er am nächsten Tag sein Essen bezahlen sollte, und wartete immer auf einen Brief mit Geld, der niemals kam... Er war dünn, hatte ein Gesicht wie ein Algerier, das sofort das Mißtrauen der Polizei weckte und sogar die Algerier selbst verwirrte... er rauchte drei Päckchen Zigaretten am Tag und versuchte, sich in Paris, diesem Meer aus Steinen und Nebel, zurechtzufinden, ohne die Sprache zu sprechen. Es war die Zeit des Algerien-Kriegs, der ersten

Lieder von Brassens und der Verliebten, die sich in der Métro und an den Türen verzweifelt küßten.»[69] García Márquez sammelte leere Flaschen, um sich vom Erlös ein Baguette kaufen zu können, und der Suppenknochen, den der Metzger gratis dazugab, wenn man ein Beefsteak kaufte, wurde zur Liebesgabe unter lateinamerikanischen Freunden.

Das Bild, das sich García Márquez von Paris einprägte, ist durch ein ihm unvergeßliches Erlebnis gekennzeichnet: *Es war eine sehr lange Nacht, denn ich wußte nicht, wo ich schlafen sollte, und verbrachte die Zeit auf Parkbänken dösend, wärmte mich am gottgesandten Dampf, der aus den vergitterten Métroschächten aufstieg... In der Frühe hörte es plötzlich auf, nach gekochtem Blumenkohl zu riechen, die Seine blieb stehen, und im leuchtenden Dunst eines herbstlichen Dienstagmorgens war ich das einzige lebende Wesen in einer verlassenen Stadt. Da geschah es: Als ich über den Pont Saint-Michel ging, hörte ich die Schritte eines Mannes, ahnte im Nebel das dunkle Jackett, die Hände in den Taschen, das frisch gekämmte Haar, und im Augenblick, in dem wir uns auf der Brücke begegneten, sah ich für den Bruchteil einer Sekunde sein knöchernes, bleiches Gesicht: Er weinte.*[70]

García Márquez (stehend, in der Mitte) 1956 in Paris bei der Hochzeit seines Freundes Jaime Vallecilla

Es wiederholte sich ein Grunderlebnis, das der Jugendliche in Zipaquirá und Bogotá gemacht hatte: das Alleinsein in einer abweisenden Welt. Und auch die Reaktionen gleichen sich. So wie der Schüler sich in die Lektüre vergrub, um von seiner Außenwelt so wenig wie möglich wahrzunehmen, vergräbt sich der Neunundzwanzigjährige ins Schreiben. *«Der Oberst hat niemand, der ihm schreibt» ist im Winter geschrieben, draußen ein Mordsschnee und im Zimmer eine Mordskälte, und ich im Mantel, und dieses Ding hat doch die ganze Hitze von Aracataca* [71], so der Autor zwanzig Jahre später. Das heiße Aracataca ist in Paris ein Projektionspunkt seiner Identität, wie es das schon im andinen Zipaquirá war. Und doch ist der Unterschied evident: García Márquez hat gelernt, produktiv mit sich umzugehen.

Als er mit dem *Oberst* endlich zufrieden war (er hält den Roman noch heute für seinen unangreifbarsten), kümmert er sich nicht um einen Verlag. So blieb es seinen Freunden vorbehalten, das Manuskript hier und dort zu empfehlen – ohne Erfolg.

Der Oberst hat niemand, der ihm schreibt

Sintflutartige Regenfälle, glühende Trostlosigkeit, verstaubte Mandelbäume: dieses Ambiente kennen wir schon aus *Laubsturm*. Dennoch, die Szenerie ist eine andere, ein namenloses pueblo an einem Fluß. Als Modell soll Sucre gedient haben, das Städtchen, in dem der Schüler García Márquez die Ferien bei seinen Eltern verbrachte. Die archetypischen Züge von Macondo kennzeichnen auch diese Ortschaft, es gibt jedoch einen entscheidenden Unterschied: die Geschichte ist allgegenwärtig und konkret, nicht nur als Erinnerung an Bürgerkrieg und Bananenfieber legendenhafter Hintergrund für die Biographie seiner Einwohner. Die Zeit der Handlung ist nicht mehr die der Geburt des Autors, sondern die der Gegenwart des Schreibenden.

Konkretion und Objektivierung bestimmen alle Ebenen der Darstellung. An die Stelle der subjektiven Monologe der Romanfiguren ist die Perspektive des allwissenden Erzählers getreten. Die Sätze sind kurz, die Beschreibungen präzise.

Die Dialoge charakterisieren die Personen und lakonischer Sprachwitz verhindert immer wieder den Einbruch von pathetisch Schicksalsträchtigem. Um so bemerkenswerter ist es, daß sich bei dieser geradezu asketischen Erzählhaltung dennoch eine ähnliche atmosphärische Dichte wie bei *Laubsturm* einstellt.

García Márquez erzählt, daß am Anfang seiner Romane stets ein Bild steht. In diesem Fall war es das eines alten Mannes, den er oft am Fischerhafen von Barranquilla stehen sah, als warte er auf etwas. Dieses Bild verbindet sich mit dem Personenrepertoire seiner Erinnerungen. Der

Wartende wird zum Oberst, der wie einst Großvater Nicolás vergeblich auf eine Pension für seine vaterländischen Dienste wartet. Doch mit der Verlegung der Handlung in die Gegenwart hat sich auch der soziale Standort des Obersts verändert. Er ist nicht mehr das patriarchalische Oberhaupt einer «alten» Familie, sondern eine eher bemitleidenswerte Figur, ein Ritter von der traurigen Gestalt und gehört – wie sein berühmter literarischer Vorfahr – zur Spezies des reinen Toren.

Seine «Torheit» besteht darin, daß seine Lauterkeit so unerschütterlich ist wie sein Glaube an Gerechtigkeit. Aus dem Gegensatz zwischen der präzise beschriebenen alltäglichen Misere und dem so stoischen wie «unvernünftigen» Optimismus des alten Mannes erwächst die innere Spannung des Romans.

In 50 Jahren hat der Oberst es mit Eingaben und Anwälten bis zu einer Bestätigung seines Anspruchs auf eine Veteranenpension gebracht. Der Antrag scheint aber inzwischen im Dickicht der Bürokratie verlorengegangen zu sein. Freitag für Freitag wartet der Oberst dennoch unverdrossen auf die Postbarkasse, die nie einen Brief für ihn bringt.

Die Lage des Obersts wird dem Leser in einer meisterlich knappen Exposition eröffnet. Wie der Oberst den letzten Rest Kaffee zusammenkratzt, der Rost löst sich schon aus der Dose, wie er, unter dem Hinweis, er habe bereits getrunken, den Kaffee seiner an Asthma leidenden Frau bringt, wie er, weil die Glocken ihn zu einem Begräbnis rufen, seinen Hochzeitsanzug aus der Truhe kramt, wie sich die Frau vorstellt, die Seele des Toten müsse jetzt bereits bei ihrem erschossenen Sohn Augustín eingetroffen sein, wie der Oberst schließlich den Kampfhahn, die einzige Hinterlassenschaft des Sohnes, mit Maiskörnern versorgt: das sind kleine alltägliche Handlungen, die sich organisch auseinander ergeben und fast nebenbei den Leser mit den nötigen Grundinformationen versorgen. Allein diese gäben schon Stoff genug für ein Melodram, der sachlich knappe Erzählstil rückt sie jedoch in weite Ferne davon.

Die Literaturkritik hat diesen Wandel im Schreiben des Kolumbianers häufig als eine Abkehr von Faulkner und eine Hinwendung zu Ernest Hemingway beschrieben. García Márquez kannte in der Tat das Werk Hemingways und schätzte besonders die Erzählung «Der alte Mann und das Meer». Auch hielt er Hemingways Diktum für lehrreich, eine Geschichte sei wie ein Eisberg, das Sichtbare müsse von sieben Achteln Unsichtbarem getragen werden. Obwohl das Drama der Vergeblichkeit und die Würde von Auflehnung und Kampf auf einer abstrakten Ebene als gemeinsamer Nenner für den alten Fischer und den alten Oberst gewonnen werden könnten, ist doch dem Autor Glauben zu schenken, wenn er sagt, die Lehren, die er aus Hemingways Werk gezogen habe, seien rein technischer Art gewesen.[72] Die Mischung aus Vitalismus und Absurditätsgefühl, die oft bei Hemingway anzutreffen ist, berührte die Vorstellungswelt des Kolumbianers nur am Rande.

Ernest Hemingway

Ein anderer Einfluß ist bei diesem zweiten Roman entscheidender, der des Mediums Film. Ein Einfluß, der den Autor im nachhinein geradezu stört, er spricht von *einem übermäßigen Hang zur Visualisierung von Personen und Szenen.* Er geht so weit, den *Oberst* als einen Roman im Stil eines Drehbuchs zu bezeichnen: *Wenn ich das Buch jetzt wieder lese, sehe ich die Kamera. Heute glaube ich, die Lösungen in der Literatur sind anders als im Film.*[73] Aber das Kino habe ihn gelehrt, in Bildern zu sehen.

Dieses Zugeständnis betrifft nicht nur Fragen der darstellerischen Technik. Es berührt den Grund seiner Affinität zum Film. Denn die Fähigkeit, in Bildern zu sehen, kann er wohl an Hand von Filmen erweitert haben, sie gehört jedoch zu seiner persönlichen Weise, Wirklichkeit wahrzunehmen. Bilder, das sind nun allerdings nicht nur optische Valenzen oder Kristallisationskerne für Bedeutung, also Symbole im weiteren Sinne. Vielmehr scheinen sie für García Márquez sprechende Ausschnitte einer Wirklichkeit zu sein, die auf induktive Weise erfaßt wird. – Dieser Form der Apperzeption in Bildern entspricht auf einer anderen Ebene García Márquez' Vorliebe für das Anekdotische, die von seinen Exegeten mit einem Amüsement registriert wird, das nicht immer frei ist von einer leichten Geringschätzigkeit für die zu wenig analytische Haltung des Autors. Die aber wird von der Überzeugung gespeist, daß ein anekdotisch kondensierter Ausschnitt von Wirklichkeit mehr über diese aussagt als jede deduzierte Abstraktion. Eine Überzeugung, die er in Interviews zuweilen als Antiintellektualismus vorführt. Der Rückschluß, García Márquez sei ein Autor, der rein intuitiv, ‹aus dem Bauch heraus› schreibe, verbietet sich jedoch, wenn man seine Aussagen zu Strukturproblemen der Romane betrachtet.[74]

Die Kritik seiner politischen Freunde an *Laubsturm*, das sie für ein rückwärtsgewandtes Buch hielten, das den brennenden Problemen des Landes während der violencia nicht Rechnung trage, war nicht spurlos an García Márquez vorbeigegangen. Er wollte sich der Gegenwart stellen, ohne einen politisch-agitatorischen Roman zu schreiben. Seine Skepsis dieser Art von Literatur gegenüber war und blieb groß. Seine Vorbehalte hat er in dem Beitrag *Zwei oder drei Dinge über den «Roman der violencia»* zusammengefaßt: *Ich kenne Schriftsteller, die die Leichtigkeit beneiden, mit der Kollegen ihre politischen Besorgnisse literarisch verarbeiten; aber ich weiß auch, daß sie sie um ihre Ergebnisse nicht beneiden.*[75] García Márquez sieht einen Widerspruch zwischen der theoretischen Bildung der jeweiligen Autoren und ihrer geringen Lebenserfahrung. Hinzu käme mangelnde literarische Erfahrung. *Erdrückt von dem Material, das ihnen zur Verfügung stand, verschlang sie bei der Beschreibung der Massaker die Erde, ohne daß sie sich die Zeit genommen hätten zu fragen, ob aus menschlicher und daher literarischer Sicht die Toten oder die Lebenden wichtiger waren… Der Roman waren nicht die Toten mit den herausgerissenen Eingeweiden, sondern die Lebenden, die in ihren Verstecken Blut geschwitzt haben müssen…*[76]

Der deutsche Leser fühlt sich an Laokoon und Lessings «Hamburgische Dramaturgie» erinnert. García Márquez führt ein ihm näherliegendes Beispiel an: «Die Pest» von Albert Camus. *Er hat begriffen, daß nicht die alten, mit Leichen vollgestopften Straßenbahnen… das Drama waren, sondern die Lebenden, die von ihren Balkonen aus Blumen auf sie hinunterwarfen, weil sie wußten, daß vielleicht schon am nächsten Tag für sie ein Platz in der Straßenbahn reserviert war… Camus hat die Pest nicht erlebt. Aber er dürfte Blut geschwitzt haben in jenen schrecklichen Nächten der Okkupation, in denen er in seinem Versteck in Paris geheime Leitartikel verfaßte, während draußen die Schüsse der Nazis auf der Jagd nach Widerstandskämpfern zu hören waren.*[77]

Zurück zu dem Roman aus dem Jahre 1957. Er schildert keine einzige Szene der Gewalt, nur das Elend des alten Ehepaars, das, da ohne Pension, auf die Einkünfte des Sohnes angewiesen war. Aber auch das wird nicht ausdrücklich erwähnt. Wie weit Agustín in die politischen Kämpfe verwickelt war, erfahren wir nicht, nur daß er im Besitz von verbotenen Flugblättern in der Hahnenkampf-Arena erschossen wurde. Der Ort des Dramas ist nicht unwichtig. Die Hahnenkämpfe sind eine der wenigen Belustigungen, die dem Volk übriggeblieben sind in einer Zeit, in der Sperrstunde und Ausnahmezustand zum Alltag gehören. In der Hahnen-

Hahnenkampf in Kolumbien

kampf-Arena können Emotionen und Aggressionen, die ihren Ursprung in der Gewalt haben, stellvertretend ausgelebt werden. So fällt selbst den Hähnen eine Stellvertreterrolle zu.

Daher ist auch der Kampfhahn, den Agustín aufgezogen hat, für die Eltern mehr als ein Erinnerungsstück. Selbst als sie nur noch auf Pump leben, besteht der Oberst darauf, den Hahn zu behalten. Ginge es nur um Geld zum Überleben, könnte der Oberst das Angebot des reichen Don Sabas annehmen, der ihm den Hahn abkaufen will. Er bleibt jedoch unbeugsam. Es wäre ihm allerdings auch kaum etwas anderes übriggeblieben. Denn die ehemaligen Arbeitskollegen seines Sohnes haben es übernommen, den Hahn zu füttern, bringen ihn zu den Trainingskämpfen und behaupten, das Tier gehöre dem ganzen Dorf.

Die Hoffnung auf die Pension tritt in den Hintergrund angesichts des Erlebnisses bei dem Übungskampf; der Oberst meint, nie etwas Lebendigeres als den Hahn in Händen gehalten zu haben, und sieht all diese erregten jungen Leute mit anderen Augen. Das Dorf sei nach Jahren erwacht, glaubt er, und dabei ist vielleicht er es, der erwacht ist. Als ihm seine Frau nachts seine Lage vorhält – *du bist halb verhungert und völlig allein* –, streitet er das ab, ist aber, bevor er sich erklären kann, eingeschlafen. Diese Wendung ist für den Roman typisch. Sobald der Text einen

Hang zum feierlich Symbolischen bekommen könnte, kappt der Autor die Fäden oder setzt bewußt einen Kontrast.

Das gilt besonders für das Ende. Die Frau des Obersten versucht diesem klarzumachen, daß noch 45 Tage bis zum Kampf fehlen und der Hahn auch verlieren könne: *«Und was essen wir inzwischen?» fragte sie und packte den Oberst am Kragen seines Flanellhemdes. Sie schüttelte ihn heftig. – «Sag, was essen wir?» – Der Oberst hatte fünfundsiebzig Jahre, fünfundsiebzig Jahre seines Lebens, Minute für Minute gebraucht, um diesen Augenblick zu erreichen. Er fühlte sich rein, unbedingt und unbesiegbar in der Sekunde, als er antwortete: «Scheiße.»*[78] Eine Antwort, deren Drastik für den Leser, der genauestens über die Verdauungsstörungen des Obersten informiert worden ist, eine tragikomische Konnotation hat.

Der Oberst hat niemand, der ihm schreibt ist immer wieder interpretiert worden als Parabel auf die politische Widerstandskraft des Volkes. Witzig und etwas bissig hat García Márquez sehr viel später mit einer Anekdote darauf reagiert, offensichtlich mit dem Wunsch, die allzu feierlichen Interpreten in die Irre zu führen: *...mein Sohn Gonzalo mußte einen Fragebogen zur Literatur ausfüllen, der in London für ein Zulassungsexamen ausgearbeitet worden war. Eine der Fragen wollte geklärt wissen, was das Symbol des Hahnes in «Der Oberst hat niemand, der ihm schreibt» bedeutet. Gonzalo, der mit dem Stil seines Hauses gut vertraut ist, konnte der Versuchung nicht widerstehen, sich über jenen verborgenen Weisen lustig zu machen, und schrieb: «Es ist der Hahn mit den goldenen Eiern.» Später erfuhren wir, daß der Schüler die beste Note bekam, der geantwortet hatte, wie ihm der Lehrer beigebracht hatte, daß der Hahn des Obersten Symbol der Macht des unterdrückten Volkes sei. Als ich das hörte, dankte ich noch einmal meinem guten politischen Stern, denn der Schluß, den ich für dieses Buch vorgesehen und erst im letzten Moment geändert hatte, war, daß der Oberst dem Hahn den Hals umdreht und ihn aus Protest in die Suppe schneidet.*[79]

Ausflüge in den Sozialismus (1957)

Nicht nur die Hitze von Aracataca, auch das Elend von Paris sind in die Geschichte des Obersten eingegangen. Als der Autor für Plinio Apuleyo Mendoza, der inzwischen die Zeitschrift «Elite» in Caracas leitete, dann wieder zwei bis drei Artikel monatlich schreiben konnte, behob das keineswegs seine Geldsorgen. Daß er den Roman überhaupt fertigstellen konnte, ist auch der Nachsicht seiner Wirte im «Hotel de Flandres» in der Rue Cujas zu danken, die ihm, als er nicht mehr zahlen konnte, ein Mansardenzimmer überließen und ein Jahr lang geduldig auf die Miete warteten. Daß der «journaliste du septiéme etage» schließlich doch zahlte, mag sie bewogen haben, sich ein paar Jahre später wiederum als Mäzene zu betätigen: Mario Vargas Llosa fand bei ihnen Unterkunft und schrieb dort seinen Erstling «Die Stadt und die Hunde».

Im Mai gab Plinio Apuleyo Mendoza seinen Posten bei «Elite» auf und kam wieder nach Paris. Vielleicht beflügelt vom Sturz des Diktators Rojas Pinilla in Kolumbien beschlossen die Freunde zu reisen. Mit einem alten Renault fuhren sie in die DDR. Die Mauer stand noch nicht, und der Autor registrierte befriedigt, daß der ‹Eiserne Vorhang› aller westlicher Propaganda zum Trotz nicht mehr als ein rot und weiß gestrichener Balken war. Seine sonstigen Erlebnisse bei und nach dem Überqueren der Grenze sind, auch wenn er ihnen komische Seiten abzugewinnen sucht, eher deprimierend. *Der erste Kontakt mit dem Proletariat der östlichen Welt* ergab sich in einem Mitropa-Restaurant, in dem die Übernächtigen frühstücken wollten. *Es war, als ob ich auf eine Wirklichkeit prallte, auf die ich nicht vorbereitet war... An die hundert Männer und Frauen mit sorgenvollen Gesichtern und abgetragener Kleidung... frühstückten Sachen, die im übrigen Europa ein normales Mittagessen darstellen, und das zu einem niedrigeren Preis. Aber es waren abgehärmte, verbitterte Menschen, die da eine prächtige morgendliche Portion Fleisch und Spiegeleier ohne jede Begeisterung verzehrten.*[80] Berlin konnte sie nicht aufmuntern. Auf der einen Seite sahen sie amerikanische Kommerzarchitektur und eilfertige Anpassung an den american way of life, auf der anderen stalinistischen Zuckerbäckerstil und stumpfe Verweigerung. Die Zukunftsvision: Wenn einst eines der Systeme die Oberhand gewonnen hat und Berlin eine Stadt ist, dann wird sie ein *monströser Messeplatz* sein, aufgebaut aus den *Warenproben der beiden Systeme.*[81]

Gerade für den deutschen Leser ist es spannend zu lesen, was García Márquez 1957 über Berlin und Leipzig schreibt. Diese subjektiv gefärbten Feuilletons zeichnet der vorurteilsfreie Blick aus. Zu einem positiven Urteil kommt er dennoch nicht. *Für uns war es unbegreiflich, daß das ostdeutsche Volk die Macht, die Produktionsmittel, den Handel, die Banken, das Verkehrswesen übernommen hatte und trotzdem ein trauriges Volk, das traurigste Volk war, das ich jemals gesehen hatte.*[82]

Diese Revolution, die *in einem Koffer aus der Sowjetunion* mitgebracht und abgestellt worden war, überzeugte nicht. Die damaligen Eindrücke bestärkten García Márquez in seiner undogmatischen politischen Haltung und in der Überzeugung, daß der Sozialismus sich nur aus den spezifischen Bedingungen eines Landes oder gar nicht entwickeln könne. Hätten nicht seine Erlebnisse im Polen der Tauwetter-Periode unter Gomułka und vor allem in Prag[83] jene in Deutschland relativiert, García Márquez wäre womöglich als Antikommunist in den Westen zurückgekehrt.

Kaum in Paris zurück, nahmen er und Plinio die Chance wahr, sich einer kolumbianischen Musikgruppe auf der Reise zum Festival der Jugend in Moskau anzuschließen. Nach einer abenteuerlichen Eisenbahn-

García Márquez (rechts) in der Sowjetunion, 1957

fahrt durch die Weiten Rußlands bemüht sich García Márquez, abseits vom Festivalrummel Eindrücke zu sammeln, ist beeindruckt von der Freundlichkeit der Menschen, deren Spontaneität selbst den Lateinamerikaner zuweilen etwas fassungslos macht. Er sieht die ökonomischen Widersprüche in diesem Land, das den ersten Satelliten ins Weltall geschickt hat, aber die Bevölkerung nicht ausreichend mit Schuhen versorgen kann, und trifft allenthalben auf die Folgen von 40 Jahren internationaler Isolation. Am meisten aber interessiert ihn, was die Menschen nach dem 20. Parteitag über Stalin denken, und generell das Phänomen, daß ein einzelner so viel Macht in seinen Händen hatte konzentrieren können. Mit einer auch literarischen Neugier betrachtet er den Leichnam Stalins im Mausoleum an der Kremlmauer und ist beeindruckt von den zarten Frauenhänden des Despoten (mit denen er später den Diktator im *Herbst des Patriarchen* ausstatten wird).

Caracas, Kuba, Bogotá, New York (1958–1961)

Über das von den Folgen des Volksaufstands geprägte Ungarn fährt García Márquez zurück nach Paris und macht sich an die Niederschrift seiner Reportage *90 Tage hinter dem Eisernen Vorhang*[84]. Ein solch unvoreingenommener Bericht war zu Zeiten des Kalten Kriegs keine Selbstverständlichkeit, und es war auch nicht leicht, dafür ein Publikationsorgan zu finden. Doch wieder war ein Freund zur Stelle. Plinio Apuleyo Mendoza, inzwischen nach Caracas zurückgekehrt, hatte die Redaktion der Zeitschrift «Momento» übernommen und veröffentlichte dort nicht nur Berichte über Ungarn und die UdSSR, sondern überzeugte seinen Verleger auch davon, den Reporter García Márquez für das Blatt zu gewinnen.

So bekam der Autor zum zweitenmal ein Rückflugticket geschickt. Es erreichte ihn in London, wo er Englisch lernen wollte. Die fremde Stadt hatte aber wohl zunächst den bekannten Abwehrmechanismus in ihm ausgelöst. Er hatte sich in einem kleinen Hotel in Kensington eingeigelt und schrieb dort an Erzählungen, die später Eingang in den Band *Das Leichenbegängnis der Großen Mama* finden sollten. Bevor der Autor sich mit London und der englischen Sprache anfreunden konnte, verließ er das Land. Mit seinen schrillen Krawatten bündelte er die literarische Ernte seines Europa-Aufenthalts zusammen – zwei Romane, mehrere Erzählungen – und flog zurück in die Karibik. Er war 30 Jahre alt, war ungemein produktiv gewesen und doch seinem Ziel, als Schriftsteller zu leben, nicht viel näher gekommen.

In Caracas stürzte er sich in die journalistische Arbeit. Das Land be-

Pérez Jiménez

fand sich in politischer Gärung, und ein paar Wochen nach seiner Ankunft wurde García Márquez Zeuge und Chronist des Sturzes von Pérez Jiménez, der Venezuela zehn Jahre lang diktatorisch regiert hatte. Plinio Apuleyo Mendoza und er vollbrachten in jenen Tagen ein kleines publizistisches Heldenstück. Durch Zufall einer Razzia in der Redaktion entgangen, produzierten sie allein eine ganze Zeitungsausgabe, die mit aktuellen Nachrichten und Reportagen den politischen Umbruch dokumentierte. García Márquez war nicht nur wieder in seinem heimatlichen Element, er fiel auch aus der Rolle des distanzierten Beobachters, die er in Europa gespielt hatte, in die eines (mittelbaren) Akteurs.

Eine Bestätigung und gleich darauf einen Dämpfer erfuhren die Freunde, als Richard Nixon, damals Vize-Präsident der USA, Venezuela besuchte. Es gab Empörung in den Straßen von Caracas, da die USA als guter Bündnispartner aller Diktatoren bekannt waren. Der Leiter von «Momento» hielt es für nötig, sich für den Empfang, den sein Volk dem Amerikaner bereitet hatte, zu entschuldigen. Mendoza und García Márquez brachten diesen Beitrag unter den Namen des Verfassers heraus, um zu dokumentieren, daß er nicht die Meinung der Redaktion spiegelte. Es gab Krach, und die beiden kündigten ihre Mitarbeit auf.

García Márquez, der im März bei einem kurzen Besuch in Barranquilla seine geduldige Verlobte Mercedes Barcha geheiratet hatte, stand auf der Straße und fand nur einen für ihn uninteressanten Job als leitender Redakteur beim Boulevardblatt «Venezuela Gráfica». Es gibt kaum signierte Artikel aus jener Zeit, er beschränkte sich auf die Redaktionsarbeit und schrieb sonntags weiter an seinen Erzählungen. Damals entstand *Dienstag Mittag*, die zu seinen besten Erzählungen gerechnet wird. Er schickte sie erfolglos zu einem literarischen Wettbewerb. Ansonsten kümmerte er sich auch weiterhin nicht um die Veröffentlichung seiner literarischen Arbeiten. Immerhin erschien im Mai 1958, dank des Einsatzes seines alten Freundes Germán Vargas aus Barranquilla, *Der Oberst hat niemand, der ihm schreibt* in der bogotanischen Kulturzeitschrift «Mito». Ein Honorar erhielt der Autor für den Abdruck allerdings nicht.

Politisch interessant wurde es für García Márquez erneut zum Jahreswechsel. Nach Rojas Pinilla in Kolumbien und Pérez Jiménez in Venezuela wurde mit Fulgencio Batista in Kuba nun der dritte lateinamerikanische Diktator gestürzt, diesmal von jungen Leuten, die in den Bergen der Sierra Maestra unter Fidel Castro und Ernesto ‹Che› Guevara die Guerrilla als Methode des revolutionären Kampfs erprobt hatten. Zumindest aus karibischer Sicht mußte es so aussehen, als beginne nun endlich die Zukunft für Lateinamerika. Obwohl das Ende des Batista-Regimes zunächst in ganz Kuba, gerade auch von der einheimischen Bourgeoisie, gefeiert wurde, waren die Reaktionen aus dem Ausland eher negativ. Vor allem die Hinrichtung einiger Schergen des alten Regimes gab Anlaß zu scharfer Kritik. Fidel Castro und seine Mitstreiter

Januar 1959: Fidel Castros Einzug in Havanna

ließen daraufhin die «operación verdad» (Operation Wahrheit) anlaufen. Journalisten aus aller Welt wurden als Prozeßbeobachter nach Havanna eingeladen. Plinio Apuleyo Mendoza und García Márquez gehörten zu einer Delegation.

Nach einem abenteuerlichen Flug nach Kuba in einer völlig überlasteten Maschine, der Gabo in seiner Angst vor dem Fliegen bestärkt hat[85], wurden sie im Januar 1959 Zeugen des Prozesses gegen Sosa Blanco, einen engen Mitarbeiter des Diktators. García Márquez, der bereits den Plan eines Romans über Diktatur und Macht in sich bewegte, muß die Verhandlungen nicht nur mit politischem Interesse verfolgt haben. Nach Abschluß des Prozesses, der die verbrecherische Politik der Diktatur in vielen Details aufgedeckt hatte, gehörte García Márquez zu den Unterzeichnern einer Petition gegen die Erschießung von Sosa Blanco und für eine Revision des Urteils.

Wenn García Márquez auch diese Art von Abrechnung mit den Verbrechern des alten Regimes für falsch hielt, war er doch von dem Aufbruchsgeist der kubanischen Revolution erfaßt worden. Ihm, der die grausame Repression im eigenen Land erlebt hatte, war klar, daß es in diesen Ländern, die nie eine funktionierende Demokratie und einen von ausländischen Interessen unabhängigen Rechtsstaat gekannt hatten (Havanna galt damals als das Bordell der USA), keine historische Umwälzung geben konnte, die allen juristischen und moralischen Ansprüchen gerecht wurde. Dieser Umschwung war jedoch mehr als die Ablösung einer Interessengruppe durch eine andere. Die kubanische Revolution wollte den Übeln tatsächlich an die Wurzel gehen und mit der Befreiung von dem Diktator zugleich die Befreiung von neokolonialer Abhängigkeit erreichen.

Kuba, das war Ende der fünfziger Jahre ein Land mit einem ungeheuren Gefälle zwischen arm und reich, einer katastrophalen Gesundheitsfürsorge und einer der höchsten Quoten von Analphabetismus. Korruption und Gewalt durchdrangen alle Lebensbereiche, die Wirtschaft war durch die Zuckermonokultur und durch eine völlige Abhängigkeit von Importen aus dem Ausland bestimmt. Die Voraussetzungen für ein totales Umbauprogramm waren auf der verarmten Insel denkbar schlecht. Um so mehr mußte der idealistische Schwung beeindrucken, mit dem diese Probleme angepackt wurden. Und um so wichtiger schien die Solidarität. Eine Solidarität, die Identität stiftete, über die nationalen Grenzen hinweg, und die in dem Maße wuchs, wie die USA ihre Repressalien gegen das kubanische Experiment verstärkten.

Dazu gehörte eine internationale Propaganda-Kampagne gegen Kuba. Die Kubaner reagierten mit der Gründung einer eigenen Nachrichtenagentur. «Prensa Latina» wurde von Jorge Masetti, einem jungen argentinischen Journalisten, geleitet. Plinio Apuleyo Mendoza, der, frustriert von der Arbeit in Caracas, im Februar auf gut Glück nach Bogotá zurückgekehrt war, erfuhr, daß ein Journalist gesucht wurde, der eine kolumbianische Zweigstelle der Agentur leiten könnte. Er machte einen Kostenvoranschlag und stellte die Bedingung, die Agentur zusammen mit García Márquez aufzubauen. Masetti ging darauf ein, und Mendoza ließ wieder einmal seinen Freund nachkommen, der diesmal zusammen mit seiner schwangeren Frau in das ungeliebte Bogotá zurückkehrte.

Die Arbeit bestand darin, einerseits Nachrichten aus Kolumbien für Kuba zu sammeln und andererseits die kubanischen Meldungen in der oft ablehnenden Presse zu placieren. In seiner knappen freien Zeit schrieb García Márquez unbeirrt weiter an seinen Erzählungen. Damals entstand *Das Leichenbegängnis der Großen Mama*, eine umfangreiche Erzählung, die ganz anderen stilistischen Prinzipien als *Der Oberst hat niemand, der ihm schreibt* verpflichtet ist. Es ist eine gigantische Aufzählung der Machtbefugnisse und Besitztümer der großen Mama, Herrin über das Land und den Lauf der Flüsse; ein mythologisches Wesen, für das der Autor einige Elemente des Volksglaubens an die Marquesita von La Sierpe entlehnt hat, in deren Beschreibung aber auch grotesk-komische Züge südamerikanischer Diktatoren eingegangen sind. Die Darstellung einer Wirklichkeit, die sich der Analyse zu entziehen scheint, erfolgt durch ihre hypertrophe Übersteigerung. Legendäres wird kolportiert und zugleich, im Kompositionsprinzip der Erzählung, die Entstehung von Legenden in der mündlichen Überlieferung nachvollzogen.

Zeitgleich mit diesem neuen Schreibansatz liegt eine Überarbeitung von dem in Paris begonnenen Roman *Die böse Stunde*, die in der eher asketischen Erzählhaltung des *Oberst* erfolgt. Plinio Apuleyo Mendoza berichtet darüber: «Er begann damit, Figuren und Episoden herauszusägen, eine stille geistige Schreinerarbeit, die er mit einer drastischen Entscheidung abschloß: man mußte die 500 Seiten zerreißen und das Buch neu schreiben. Er machte einen sorgfältigen Plan. Er legte im vorhinein die einzelnen Abteilungen der Geschichte fest, so daß jedem Tag ein Kapitel entsprach; er umriß den Raum jeder einzelnen Person; er merzte Adjektive aus; er wich dem Faulknerschen Einfluß aus... Und dann schrieb er in drei Monaten den Roman, den er vier Jahre zuvor begonnen hatte. – Seine Freunde konnten sich nie erklären, warum der Roman, als er fertig und anscheinend perfekt gelungen war, von seinem Autor erneut in Quarantäne gelegt wurde.»[86]

Immerhin erschien 1959 anläßlich des ersten «Festivals des kolumbianischen Buchs» ein Werk von García Márquez in hoher Auflage: 30000 Exemplare von *Laubsturm* wurden in Bogotá unter die Leute gebracht. García Márquez war der jüngste der beim Festival vertretenen Autoren, und er fand sich plötzlich in der Gesellschaft von sogenannten Klassikern wieder. Er selbst empfand diesen Sachverhalt allerdings als Paradigma für das Elend der kolumbianischen Literatur[87], die in drei Jahrhunderten nur zwei Romane von literarischem Weltniveau hervorgebracht hatte – «Maria» von Jorge Isaacs und «Der Strudel» von José Eustacio Rivera. García Márquez nennt einige Gründe für die Misere: Das Fehlen einer wertenden Kritik, die Orientierung an ausländischen Moden und der Mangel an echtem Nationalgefühl, womit er das Bewußtsein meint, etwas Eigenes zu sagen zu haben. Den ‹Gelegenheitsdichtern› hält er zugute, daß sie ihre Werke dem Arbeitsalltag abringen, dabei entstehe allerdings zwangsläufig eine *Literatur müder Menschen*. Schreiben aber erfordere die ganze Kraft. Es ist auch seine eigene Situation, die eines Sonntagsschreibers, mit der er sich hier auseinandersetzt. Die implizierte Forderung aber ist, dennoch die ganze Kraft einzusetzen. Darin wird er vermutlich den Unterschied zwischen sich selbst und manchem Kollegen gesehen haben. *So ist des Schriftstellers einzige Pflicht nur die Verantwortlichkeit sich selbst gegenüber...*[88] – der Anspruch, der in diesem scheinbar harmlosen Satz steckt, ist nicht zu unterschätzen.

Der provokante Artikel über die kolumbianische Literatur war in «Accón liberal» erschienen, einer von García Márquez und Plinio Apuleyo Mendoza gegründeten Zeitschrift, die ein Diskussionsforum für die kritischen Strömungen innerhalb des Liberalismus bieten sollte. Im selben Jahr veröffentlichte «El Tiempo» die Erzählung *Dienstag Mittag* mit einer Illustration von Fernando Botero.

Im August 1960 wird der Sohn Rodrigo geboren und dann von Gabos ehemaligem Studienkollegen, der, zur Verwunderung seiner Freunde, Priester geworden war, getauft: von Camilo Torres, einem Anhänger der Befreiungstheologie, der später als Guerrillero erschossen wurde.

Im September reist García Márquez nach Havanna, wo er sich einige Monate lang ganz in die Arbeit für Prensa Latina vergräbt. *Wir arbeiteten den ganzen Tag und die ganze Nacht über. Ich sagte zu Masetti: «Wenn etwas diese Revolution zugrunde richten kann, dann sind es die Stromkosten.»*[89] Vermutlich hatte Jorge Masetti den Kolumbianer als Verstärkung kommen lassen, da er sich selbst Angriffen von der orthodoxen Fraktion der Kommunisten unter Aníbal Escalante ausgesetzt sah, die systematisch ihre Positionen im Staatsapparat auszubauen versuchten. Die allgemeine politische Linie in Kuba war umkämpft, als die Entscheidung fiel, daß García Márquez und Plinio Apuleyo Mendoza das New Yorker Büro von Prensa Latina leiten sollten. Es war der Gang in die Höhle des Löwen.

García Márquez mußte sich in New York Sorgen um Frau und Kind machen. Es gab telefonische Drohungen, und das Büro wurde zuweilen regelrecht belagert. Die Journalisten hatten sich zur Selbstverteidigung mit Brechstangen bewaffnet. Und die Lage wurde für sie noch gefährlicher, als im April 1961 die vom CIA geplante und von kubanischen Emigranten mit Unterstützung der amerikanischen Luftwaffe ausgeführte Invasion an der Schweinebucht scheiterte.

Sich gegen den Angriff des «Imperialismus» zu behaupten war ein

New York

ungeheurer Triumph für das revolutionäre Kuba. Es war jedoch auch eine Bewährungsprobe, bei der sich die inneren politischen Gegensätze auf der Insel verschärften. Jorge Masetti geriet mit seiner offenen Informationspolitik so sehr unter Druck, daß er schließlich sein Amt niederlegte. García Márquez und Plinio Apuleyo Mendoza solidarisierten sich mit ihm und traten ebenfalls als Korrespondenten zurück. Letzterer erinnert sich: «Für mich bedeutete diese Affäre eine besorgniserregende Wende in der Ausrichtung der kubanischen Revolution. Für Gabriel nicht; er sah sie, glaube ich, als Verkehrsunfall an ...»[90]

García Márquez stand nun mit Frau und Kind, aber ohne Rückflugticket in New York da und faßte den verwegenen Entschluß, mit nur 20 Dollar in der Tasche im Greyhound nach New Orleans zu fahren, um den Faulknerschen Süden kennenzulernen. Es muß eine Reise in die Vergangenheit gewesen sein, denn die Ähnlichkeiten zwischen dem amerikanischen Süden und den tropischen Karibikdörfern waren nicht nur literarischer Natur. Vor allzu nostalgischen Gefühlen bewahrte ihn jedoch die Art, wie er dort als Lateinamerikaner behandelt wurde. Ein Schild: «Zutritt verboten für Hunde und Mexikaner» prägte sich als bleibende Erinnerung ein. In New Orleans aber erwartete die Reisenden Geld, das Mendoza aus Bogotá überwiesen hatte. García Márquez beschloß, nicht – wie zunächst vorgesehen – nach Bogotá zurückzukehren, sondern per Bus nach Mexico City weiterzufahren, wo sein Freund Alvaro Mutis damals lebte. Es lockten ihn das Film-Land Mexiko und der Wunsch, Drehbücher zu schreiben.

Er war gerade angekommen, da war schon etwas von ihm in der mexikanischen Presse zu lesen. Auf die Nachricht von Hemingways Selbstmord hin hatte García Márquez spontan eine Hommage geschrieben: *Ein Mann, der eines natürlichen Todes starb.*[91]

Von der Schaffenskrise zum großen Sprung (1961–1966)

Es war jedoch schwieriger als vermutet, in Mexiko, zudem im Filmgeschäft, Fuß zu fassen. García Márquez fand zunächst keine Arbeit und schrieb die Erzählung *Das Meer der verlorenen Zeit.*[92]

Ort der Handlung ist ein kleiner Ort am Meer, der plötzlich von einem intensiven Rosenduft beherrscht wird. Ebenso unvermutet wie der Rosenduft erscheint ein Mister Herbert, der die Bevölkerung in einen Zustand rauschhaften Glücks versetzt, sie tatsächlich aber ausplündert. Das Meer ist ein märchenhafter Ort, in seinen Tiefen blühen Blumengärten, und zwischen riesenhaften Schildkröten treiben unversehrt die Toten. Phantastische Elemente werden auf möglichst unauffällige Weise mit realistischen Erzählpartikeln verbunden: Eine Methode, die in *Hundert Jahre Einsamkeit* verfeinert und zum Erzählprinzip wird.

Mexico City

García Márquez muß jedoch mit dem Resultat nicht zufrieden gewesen sein, anders ist kaum erklärlich, daß nach dieser Erzählung eine Schreibpause einsetzt, die fast fünf Jahre dauern sollte. In diesen Jahren wird einiges von ihm verlegt oder neu aufgelegt: noch 1961 *Der Oberst hat niemand, der ihm schreibt* – ein Zufall, so stellt es der Autor im nachhinein dar: *Ich lag gerade neben dem Swimmingpool des Hotel Prado in Barranquilla und bat einen Hoteldiener, ein Gespräch nach Bogotá anzumelden, weil ich meine Frau um Geld bitten mußte. Alberto Aguirre, ein Verleger aus Antioquía, der gerade dort war… sagte, ich solle meine Frau nicht damit belästigen, er werde mir 500 Pesos für die Geschichte geben, die in Mito erschienen war. Und so habe ich ihm für 500 Pesos die Rechte verkauft.*[93]

1962, die finanzielle Lage der Familie war noch immer bedrückend, kam der Zufall in Gestalt eines Freundes zur Hilfe: *…Guillermo Angulo erschien und sagte mir wörtlich: «Esso hat einen Roman-Wettbewerb aus-*

geschrieben, aber die Angelegenheit kommt nicht voran, weil nichts Annehmbares eingereicht worden ist. Schick irgendwas hin, den gewinnst du todsicher.» Mercedes fiel das mit der blau-gelb-gestreiften Strickkrawatte gebündelte Manuskript ein... und so gewann «Die böse Stunde» den Esso-Preis.[94] Die 3000 Dollar, die erste nennenswerte Summe, die García Márquez nach fünfzehn Jahren Arbeit mit Literatur verdiente, kamen gerade recht, die Entbindungskosten für den zweiten Sohn, Gonzalo, zu bezahlen. Und einen Gebrauchtwagen konnte der Autor sich nun auch leisten.
– Bald darauf erschien *Die böse Stunde* in einem spanischen Verlag. Der hatte es für nötig gehalten, die Sprache von Amerikanismen zu reinigen, woraufhin García Márquez diese Ausgabe für nicht autorisiert erklärte. In Mexiko erschienen 1962 der Erzählungsband *Das Leichenbegängnis der Großen Mama* und 1963 eine Neuauflage von *Der Oberst hat niemand, der ihm schreibt.*

Die Tatsache, daß seine Bücher allmählich ihren Weg zu einer (begrenzten) Leserschaft fanden, müssen dem Autor um so mehr bewußt gemacht haben, daß er selbst literarisch nicht vorankam.

«Ich lernte García Márquez in jener Zeit kennen», schreibt Emir Rodríguez Monegal. «Damals war er ein gequälter Mensch, ein Bewohner der exquisitesten Hölle: die der literarischen Sterilität. Mit ihm über sein bisheriges Werk zu sprechen, etwa *Der Oberst...* zu loben, war, als bearbeite man ihn mit den subtilen Folterwerkzeugen der Inquisition... Er lehnte sein bisheriges Werk nicht völlig ab, doch in seiner damaligen Situation, nachdem er jahrelang gesucht hatte, wie er sich von der Last seines drängenden Meisterwerks befreien könnte, erschienen ihm die Schönheiten und Treffer seiner Romane und Erzählungen wie ein Inventar der Irrtümer.»[95]

Währenddessen ernährt García Márquez seine Familie mit Redaktionsarbeit für eine Frauenzeitschrift und ein Sensationsblatt und wechselt dann in eine Werbeagentur über. *Von den sieben Jahren, die ich in Mexiko verbracht habe, brauchte ich drei, um in der Filmwelt Fuß zu fassen*[96], erzählt er. Schließlich bekam er den Auftrag, ein Drehbuch zu der Erzählung «El gallo de oro» von Juan Rulfo zu bearbeiten. García Márquez verehrte Rulfo, seit er dessen Roman «Pedro Páramo» gelesen hatte.

Über seine Begegnung mit dem Werk Rulfos schreibt García Márquez: *Mein großes Problem als Romanschreiber war, daß ich... fühlte, daß ich noch viele Bücher vor mir hatte, aber mir fiel keine überzeugende, poetische Möglichkeit ein, um sie zu schreiben. So standen die Dinge, als Alvaro Mutis die sieben Stockwerke zu meiner Wohnung mit einem Bücherpaket heraufgerannt kam, den dünnsten kleinen Band herauszog, sich halb tot lachte, und sagte: «Lies diesen Mist, zum Teufel, damit du was lernst!» – Es war «Pedro Páramo». Ich konnte in jener Nacht nicht einschlafen, bevor ich das Buch nicht zum zweitenmal gelesen hatte: Nie mehr, seit der*

Juan Rulfo

verrückten Nacht, in der ich Kafkas «Verwandlung» in einer düsteren Studentenpension in Bogotá gelesen hatte, war ich so bewegt gewesen...[97]
Rulfos Geschichte eines Dorfs, die in den Stimmen seiner Toten vergegenwärtigt wird, stellte genau jene poetische Transfiguration der autochthonen Wirklichkeit dar, um die sich auch García Márquez bemühte.

Seine Filmbearbeitung von Rulfos «Der goldene Hahn» krankte für das Ohr der Auftraggeber daran, daß die Dialoge nicht mexikanisch, sondern kolumbianisch klangen. Zusammen mit Carlos Fuentes, dem zweiten großen mexikanischen Autor, überarbeitete er das Drehbuch mehrmals. Die Verfilmung schließlich durch den Regisseur Ricardo Gabaldón war für den Autor ernüchternd: ein kommerzieller Film wie viele andere. Auch in dem Film «Zeit des Sterbens», den der Regisseur Arturo Ripstein nach einem Originaldrehbuch von García Márquez drehte, konnte der Autor nicht mehr viel eigenes erkennen.[98] Mehrere Drehbücher, die er zusammen mit einem Kollegen schrieb, sind nie verfilmt worden.

Die praktische Arbeit mit dem Medium Film war ernüchternd, und die Beschränkungen, die der dazu nötige Apparat der Einbildungskraft auferlegte, zeigten dem Autor die Möglichkeiten der Literatur in einem neuen Licht.

Auf einer Autofahrt nach Acapulco Ende 1965 hatte er die entscheidende Eingebung: *Ich mußte die Geschichte so erzählen, wie meine Großmutter sie erzählt hätte, und von dem Nachmittag ausgehen, an dem der Junge von seinem Vater mitgenommen wird, um das Eis kennenzulernen... Eine lineare Geschichte, wo mit aller Unschuld das Außergewöhnliche ins Alltägliche eindringt.*[99] Das war der Roman, den er seit über fünfzehn Jahren mit sich herumtrug, *La casa,* dann *Hundert Jahre Einsamkeit.* Die Geschichte war ausgereift, ja, er glaubte sie schon so genau zu kennen, daß er sie hätte diktieren können.

Die Fahrt nach Acapulco wurde unterbrochen. Der Autor drängte an den Schreibtisch, und seine Frau Mercedes, der Plinio Apuleyo Mendoza unerschrockenen Gleichmut bescheinigt, trug es gefaßt. *Ohne Mercedes wäre ich nie soweit gekommen, das Buch zu schreiben. Sie übernahm in dieser Situation die Verantwortung. Ich hatte vor Monaten ein Auto gekauft. Das versetzte ich und gab ihr das Geld. Ich rechnete damit, daß uns das ungefähr sechs Monate lang zum Leben reichen würde. Aber ich brauchte anderthalb Jahre, um das Buch zu schreiben. Ich weiß nicht, wie sie es fertigbrachte, daß ihr der Metzger das Fleisch anschrieb, der Bäcker das Brot und der Hausbesitzer neun Monate lang stillhielt, bis wir die Miete bezahlten. Sie kümmerte sich um alles, ohne daß ich es merkte...*[100]

García Márquez wich von seinem bisherigen Schreibkonzept ab. Plinio Apuleyo Mendoza erinnert sich: «*Bis jetzt,* sagte er zu mir, setzte die Finger auf den Tisch und ließ sie bis zur Mitte laufen, *habe ich mit meinen*

Szene aus «Tiempo de Morir» («Zeit des Sterbens»), nach einem Drehbuch von García Márquez

Büchern immer den sichersten Weg eingeschlagen. Ohne etwas zu riskieren. Jetzt habe ich das Gefühl, daß ich am Rand entlanggehen muß, und seine Finger balancierten mühsam am Tischrand entlang. *So ist alles auf der Grenze zwischen Erhabenem und Kitsch. Wie der Bolero... Entweder mache ich mit diesem Buch einen großen Sprung nach vorn, oder ich renne mir den Kopf ein.*»[101]

Hundert Jahre Einsamkeit

Die Freunde, die das Manuskript zu sehen bekamen, äußerten nicht nur privat ihre Begeisterung. Carlos Fuentes etwa schrieb bereits nach der Lektüre von drei Kapiteln einen euphorischen Artikel[102], und in Mexiko, Lima, Buenos Aires und Bogotá erschienen Vorabdrucke des Romans. Kein Wunder, daß der bonaerenser Verlag Sudamericana, der García Márquez angeboten hatte, seine früheren Bücher nachzudrucken, auf Anfrage des Autors bereitwillig den neuen Roman annahm. Sie planten sogleich eine vergleichsweise hohe Auflage von 8000 Exemplaren und verdoppelten diese noch einmal. Als der Roman im Juni 1967 erschien, war er dennoch bereits nach knapp zwei Wochen vergriffen – und zwar ohne vorbereitende Presse- oder Werbe-Aktionen. Das war erst der Anfang einer so spontanen wie massenhaften Rezeption. Für dieses auf dem Buchmarkt einzigartige Phänomen gibt es bis heute keine restlos befriedigende Erklärung.

Die Besinnung auf die Erzählweise seiner Großmutter, die das Unglaubliche glaubhaft machte, und der entscheidende Rückgriff auf den eigenen Ursprung und die frühen Prägungen seines Bewußtseins hatten García Márquez den Schlüssel für den Roman geliefert. Die Erfahrung des eigenen Heranwachsens in einer vergehenden Welt begründete seinen ehrgeizigen literarischen Anspruch, ein Universum in seinem Werden und Vergehen zu erschaffen, das in seiner Geschlossenheit alles Erleben und Erleiden der Menschen beherbergen könnte. Und zwar nicht im abstrahierenden Diskurs, sondern allein mit den Mitteln des Erzählens und der Poesie. Es galt nicht Bilder zu erfinden, sondern zu finden, in der Wirklichkeit selbst. Indem García Márquez sein tropisches Macondo zum Nabel der Welt machte, ertrotzte er ihm den Eingang in die Weltgeschichte. Das war wohl die Botschaft, die von der lawinenartig anwachsenden Leserschar verstanden wurde, verstanden werden konnte, da das Buch auf mehreren Ebenen lesbar ist. Es verlangt nicht unbedingt den vorgebildeten Leser, auch die naive Neugier auf Geschichten macht das Lesen zur Lust.

García Márquez erzählt von sieben Generationen der Familie Buendía. Deren Geschichte fällt zusammen mit der Geschichte Macondos von der Gründung bis zum Untergang, und diese ist ein Paradigma der Menschheitsgeschichte, oder, in den Worten des Autors, wie jeder gute Roman *ein Welträtsel*[103]. Die Gründer Macondos, José Arcadio Buendía und Ursula Iguarán, sind Vetter und Base und entstammen Familien, die schon seit Generationen untereinander geheiratet haben. Die Verletzung des Inzestverbots begründet die Angst, ein Kind mit einem Schweineschwanz zu zeugen, und gibt ihrem Leben eine mythische Dimension. Durch Anklänge an die biblische Geschichte wird die historische Entwicklung Macondos, die mit der eines durchschnittlichen kolumbianischen Karibikdorfs übereinstimmt, außerhalb der geschichtlichen Zeit gestellt.

Erstausgabe, 1967

Der alles umfassende Erzählgestus wird schon in den ersten Sätzen des Romans deutlich: *Viele Jahre später sollte der Oberst Aureliano Buendía sich vor dem Erschießungskommando an jenen fernen Nachmittag erinnern, an dem sein Vater ihn mitnahm, das Eis kennenzulernen. Macondo war damals ein Dorf von zwanzig Häusern aus Lehm und Bambus am Ufer eines Flusses mit kristallklarem Wasser, das dahineilte durch ein Bett von geschliffenen Steinen, weiß und riesig wie prähistorische Eier. Die Welt war noch so jung, daß viele Dinge des Namens entbehrten, und um sie zu benennen, mußte man mit dem Finger auf sie deuten.*[104] In diese junge Welt kommen die Zigeuner und bringen nicht nur das Eis, sondern auch andere Erfindungen aus fernen Weltengegenden, den Magneten, das Fernrohr, ein Brennglas und alchimistische Substanzen, Dinge, die von den Bewohnern Macondos als magisch angesehen werden. Sie regen die Einbildungskraft des Stammvaters José Arcadio ungeheuer an, er versucht mit dem Magneten Gold aus der Erde zu ziehen, das Brennglas zu einer Waffe im Sonnenkrieg zu entwickeln, und als er nach fieberhafter Arbeit mit Sextant und Astrolabium, *aufgerieben von den langen Nachtwachen und seiner schwärenden Phantasie*[105], verkündet, die Erde sei rund wie eine Orange, glaubt Ursula ihn endgültig dem Wahnsinn verfallen. Sinnfälliger und komischer ist wohl selten die soziologische Erkenntnis von der Ungleichzeitigkeit der Entwicklung faßbar gemacht worden.

García Márquez' Methode wird noch deutlicher in der folgenden Episode. Als die Zigeuner wiederkehren, ist ihr Anführer, der alte Melquíades, auf mysteriöse Weise verjüngt. Das hat eine banale Erklärung, er hat ein künstliches Gebiß, das er vor den schaudernden Betrachtern aus dem Mund nimmt, wobei er jäh altert, um dann wieder in jugendlicher Frische zu erstrahlen. Da der Autor zur Beschreibung dieses Vorgangs zwar nicht die Perspektive, aber doch die Bewußtseinslage der Zuschauer in Macondo wählt, ersteht auch vor dem Leser der personifizierte Mythos der ewigen Jugend.

José Arcadio Buendía ist außer sich. Die Wunder, die sich tagtäglich in seiner Umgebung ereignen, etwa daß ein Schausteller vor seinen Augen unsichtbar wird, nimmt er dagegen gelassen hin. Er unternimmt eine entbehrungsreiche Expedition mit seinen Männern durch die Urwelt des Dschungels, um in die Welt der magischen Gegenstände vorzudringen, findet aber nur eine alte spanische Galeone mitten im Land und 12 Kilometer weiter das Meer, das er vor der Gründung Macondos vergeblich gesucht hatte. Es bleibt Ursula vorbehalten, die Verbindung zur Außenwelt herzustellen. Während ihr Mann mit seinem Sohn Aureliano die Geheimnisse der Metalle in seiner alchimistischen Küche erforscht, macht sie sich auf die Suche nach ihrem ältesten Sohn José Arcadio, den die Leidenschaft für eine junge Zigeunerin fortgetrieben hat. Den Sohn findet sie nicht, dafür aber die Dörfer jenseits der Sümpfe, und bei ihrer Rückkehr bringt sie bereits neue Bewohner für das Dorf mit.

Macondo ist in die Geschichte eingetreten. Das Dorf wächst und erlebt einen Aufschwung durch den Handel, an dem sich Ursula mit selbstgefertigten Karameltierchen emsig beteiligt. Zu dieser zweiten Phase gehört das Auftreten kirchlicher und staatlicher Autorität. Macondo hat plötzlich einen Pfarrer, einen Amtsrichter und einen Polizisten. Mit der Autorität kommt die Politik, und die Politik muß durch Wahlen legitimiert werden. Als Aureliano die Einschüchterung des Dorfs durch Polizei und Soldaten miterlebt und Zeuge wird, wie sein Schwiegervater, der Amtsrichter, die Wahlzettel der Liberalen verschwinden läßt, stellt der bisher Unpolitische sich an die Spitze der Liberalen. Als deren Führer wird er zur legendären Gestalt, wie einst der historische General Uribe Uribe, von dem der Großvater dem kleinen Gabo erzählt hatte. *Oberst Aureliano Buendía zettelte zweiunddreißig bewaffnete Aufstände an und verlor sie allesamt. Er hatte von siebzehn verschiedenen Frauen siebzehn Söhne, die einer nach dem anderen in einer einzigen Nacht ausgerottet wurden... Er entkam vierzehn Attentaten, dreiundsiebzig Hinterhalten und einem Erschießungskommando... Er lehnte den Verdienstorden ab, den der Präsident der Republik ihm verleihen wollte... Das einzige, was von dem Ganzen zurückblieb, war eine nach ihm benannte Straße in Macondo.*[106]

Bis er zu dem *von der Regierung meistgefürchteten Mann*[107] wird, macht der verschlossene Jüngling, der schon vor seiner Geburt im Bauch der Mutter geweint hat, eine Wandlung durch, deren Motor die Empörung

Bürgerkrieg in Kolumbien, 1901

ist. Die Macht, die ihm schließlich zuteil wird, führt jedoch zu einer Entfremdung von den Zielen, für die er zu kämpfen glaubte, und damit zur Selbstentfremdung. Die Einsamkeit wird zum Stigma, als dessen Ursache seine Mutter Ursula die Unfähigkeit zur Liebe erkennt. Später sollte García Márquez auf die Frage, was denn geschehen wäre, wenn Aureliano seine Kriege gewonnen hätte, antworten, es wäre die Geschichte eines Patriarchen geworden: eines lateinamerikanischen Diktators auf dem Gipfel der Macht und damit der Einsamkeit – der Protagonist seines nächsten Romans. Aureliano Buendía aber kehrt nach der Kapitulation von Neerlandia und einem mißglückten Selbstmordversuch nach Macondo und in seine Werkstatt zurück, um fortan unbeirrt Goldfischchen zu schmieden.

Trotz der Bürgerkriegswirren ist Macondo weiter gewachsen und tritt nun in die dritte Phase seiner Geschichte ein, in die der neokolonialen Abhängigkeit. Mit den amerikanischen Bananen-Gesellschaften kommt nicht nur der Fortschritt in Gestalt der Eisenbahn, sondern auch ein Heer von Arbeitern, jener *Laubsturm*, der die Sozialstruktur Macondos verändert. Das schnelle Geld, das hier verdient wird, täuscht zunächst darüber hinweg, daß es eben diese Menschen sind, deren Ausbeutung der wirtschaftliche Aufschwung geschuldet ist. Wieder gelingt es García Márquez, in sprechenden Bildern und Szenen eine historische Wirklichkeit anschaulich zu vergegenwärtigen, deren Strukturen sonst nur eine Analyse imperialistischer Wirtschaftspolitik offenlegen könnte.

Als die Arbeiter dann ihr Recht fordern, schreitet das Heer ein. Der von der Regierung ausgegebene Schießbefehl (das historische Dekret wird zitiert) fordert 3000 Opfer. Die Blütezeit Macondos – das sich im Roman zu einer Stadt, die Züge von Barranquilla trägt, gewandelt hat – ist vorbei. Es beginnt die vierte Phase seiner Geschichte, die des Verfalls, der von einer geradezu biblischen Sintflut eingeleitet wird.[108]

Die über hundertjährige Urmutter Ursula kündigt ihren Tod an. Sie, die mit zähem Durchhaltevermögen die Sippe zusammengehalten hat, erkennt, daß sich die Zeit im Kreis dreht. Eine Erkenntnis, die sie mit Pilar Ternera, der Urgeliebten, der nicht nur die beiden ersten Söhne der Familie ihre Unschuld geopfert hatten, teilt: *...ein Jahrhundert des Kartenlegens und der Erfahrung hatte sie gelehrt, daß die Geschichte einer Familie ein Räderwerk nicht wiedergutzumachender Wiederholungen war, ein kreisendes Rad, das ohne den unablässigen, unrettbaren Verschleiß der Achse sich bis in alle Ewigkeit drehen würde.*[109] Amaranta Ursula, in Brüssel erzogen und von der Sehnsucht nach Macondo zurückgetrieben, will das nicht wahrhaben. Sie trifft nur noch den Gespielen ihrer Kindheit, den Bastard Aureliano Babilonia an, der sich der Entzifferung der alten Pergamente des Melquíades hingegeben und zu diesem Zweck Sanskrit gelernt hat (und dessen Freunde – eine Spielerei des Autors – Alvaro, Alfonso, Germán und Gabriel, das Quartett aus Barranquilla, sind). Amaranta Ursula kämpft mit der Tatkraft ihrer Urahnin gegen den Verfall des Hauses und den allgemeinen Niedergang an – vergeblich. Das Schicksal der Sippe erfüllt sich an ihr und dem letzten Aureliano. Die Einsamkeit mit hemmungsloser Liebe ausfüllend, zeugen Neffe und Tante das Kind mit dem Schweineschwanz, das der Familie, die das Inzesttabu nicht achtet, seit jeher prophezeit worden war. Amaranta stirbt bei der Geburt, das Kind wird, wie Melquíades vorausgesagt hatte, von den Ameisen gefressen, und Aureliano erkennt, daß die Papiere des Zigeuners die Geschichte seiner Familie enthalten, bis zu deren Ende. Er ist beim Lesen in der Gegenwart angelangt, in der ein apokalyptischer Sturm ganz Macondo hinwegweht. *Doch bevor er zum letzten Vers kam, hatte er schon begriffen, daß er nie aus diesem Zimmer gelangen würde, da es bereits feststand, daß die Stadt der Spiegel (oder der Spiegelungen) vom Wind vernichtet und aus dem Gedächtnis der Menschen in dem Augenblick getilgt sein würde, in dem Aureliano Babilonia die Pergamente endgültig entziffert hätte, und daß alles in ihnen Geschriebene seit immer und für immer unwiederholbar war, weil die zu hundert Jahren Einsamkeit verurteilten Sippen keine zweite Chance auf Erden bekamen.*[110]

Gabriel García Márquez

Der Kreis hat sich geschlossen. Die Zeit des Erzählers und die erzählte Zeit fallen zusammen. Nichts hätte anders kommen können, es war von vornherein geschrieben. Der Totalitätsanspruch des Romans erfüllt sich bis in die literarische Form und Erzählstruktur hinein: die Schöpfung eines in sich geschlossenen Universums, eben dieses Macondos *der Spie-*

gel *(oder der Spiegelungen)*, das uns ein vielfach gebrochenes Bild von unserer Welt zurückspiegelt.

Es ist unmöglich, in einer Inhaltsangabe den Reichtum an Personen, Schicksalen und Geschichten dieses Romans auch nur annähernd wiederzugeben. Der Totalitätsanspruch erstreckt sich auf das Verständnis und die Darstellung von Realität: sie umfaßt die äußere Realität ebenso wie die innere; alles, was Menschen wünschen und träumen und erinnern; alle Geschichten und Legenden, mit denen sie sich über ihre Rolle in der Welt, ihren Ursprung und ihre Zukunft verständigen.

Wenn García Márquez dafür auf die Erzählweise seiner Großmutter zurückgegriffen hat, so bedeutet das vor allem die unerschrockene Verbindung von Alltäglichem und Außergewöhnlichem, Sinnlichem und Übersinnlichem. Was ihn daran faszinierte war die Glaubwürdigkeit des derart Erzählten, die wohl darin wurzelt, daß auf diese Weise eine komprimierte Wahrheit entsteht, aussagekräftiger als jede im herkömmlichen Sinn realistische Beschreibung. Eine solche Glaubwürdigkeit zu schaffen, hat der Autor stets als sein zentrales Problem beim Schreiben bezeichnet.

Der Begriff des Magischen Realismus, der immer wieder für *Hundert Jahre Einsamkeit* bemüht worden ist, befriedigt in diesem Zusammenhang nicht ganz. Zwar geschehen in diesem Roman eine Fülle von Dingen, die rational nicht erklärbar sind, aber das Etikett des Magischen würde sie entweder ins Folkloristische oder aber in die Sphäre eines auf Magie ausgerichteten Kunstwillens verweisen; beides trifft das Phänomen nicht im Kern. García Márquez behauptet, alles, was er schriebe, gehe auf persönliche Erfahrungen zurück, nichts sei erfunden. Wir erwähnten bereits im Zusammenhang mit *Laubsturm* die Erklärung, die er für das Auftauchen des Herzogs von Marlborough in der Karibik gab. Ähnlich ist die, die er dafür hat, daß Remedios die Schöne leibhaftig gen Himmel fährt: Ein Mädchen war mit ihrem Liebhaber ausgerissen, die Eltern aber erklärten, um die Schande zu verbergen, sie sei mit Leib und Seele zu Gott gefahren. Diese Deutung nimmt er, wie die der Großmutter zu Marlborough, wörtlich, er stellt das, was sich im Bewußtsein der Leute abspielt, als real dar. Es literarisch glaubhaft zu machen, war auch hier die Schwierigkeit: erst als er zufällig sah, wie eine Frau bei heftigem Wind vergeblich versuchte, davonflatternde Laken aufzuhängen, hatte er die bildhaft überzeugende Lösung – Remedios mußte mit den Laken aufsteigen. Wenn García Márquez in einem Interview sagt: *Was wir tun müssen, ist, glaube ich, die Dinge so zu akzeptieren, wie wir sie wahrnehmen, ohne stets nach einer Erklärung zu suchen*[111], so gilt diese Forderung nicht nur für die Haltung des Schriftstellers der lateinamerikanischen Wirklichkeit gegenüber, sondern auch für die des Lesers den Büchern gegenüber.

Voraussetzung ist allerdings, daß der Leser nicht vom Text selbst aus einer solchen ‹naiven› Akzeptanz gestürzt wird. Konsequenterweise ist die Wirklichkeit, in der solche wundersamen Ereignisse stattfinden können, mit der des Lesers zwar aufs innigste verwandt, aber doch insofern von ihr unterschieden, als sie sich immer als eine erzählte selbst vorführt und als solche akzeptierbar ist. Das wird etwa durch das Mittel der Übertreibung erreicht, das den ganzen Roman kennzeichnet. Ob es um die Dauer von Regenfällen, die Potenz der Männer oder die Langlebigkeit der Frauen geht, die systematische Maßlosigkeit befreit den Leser von der Notwendigkeit, das einzelne Detail an der objektiven Wirklichkeit zu messen, und eröffnet ihm eine Welt, in der er, gerade weil ihm das ständige Vergleichen erspart bleibt, die eigene um so besser erkennen kann.

Dieses Abrücken zum besseren Verständnis ist auch bei der Behandlung der Personen zu beobachten. Der Erzähler des Romans ist allwissend. Durch Vor- und Rückgriffe gibt er zu erkennen, daß er über die gesamte Vergangenheit und Zukunft seiner Figuren Bescheid weiß. Er weiß, was sie in bestimmten Augenblicken fühlen und an was sie sich in ferner Zukunft erinnern werden, und doch behält er die Distanz zu ihnen, so wie er dem Leser Distanz einräumt. Das wird auch für die folgenden Werke des Autors gelten. Er gestattet sich keine Ästhetik der Einfühlung, auch wenn oder gerade weil er für sich das grenzenlose Mitgefühl des Autors für seine Personen beansprucht. Fast könnte man bei García Márquez von einer Brechtschen Verfremdungsmethode sprechen, denn er führt uns Menschen vor Augen, über die wir staunen können, ohne daß uns die Identifikation mit ihnen nahegelegt wird. Doch auch wenn sich das Verfahren manchmal ähnelt, ist das Ziel ein grundsätzlich anderes, da es nicht auf die eine gültige Interpretation gerichtet ist, sondern gerade auf die Akzeptanz der vielfältigen Möglichkeiten des menschlichen Daseins – darin findet das Werk des Kolumbianers seine humane Dimension.

So weckt er Neugier, ohne eigentlich Spannung zu erzeugen. Zu den Geheimnissen um den weltweiten Publikumserfolg von *Hundert Jahre Einsamkeit* gehört, daß er wohl einer der wenigen, wenn nicht der einzige internationale Bestseller der letzten Jahrzehnte ist, der weder von der Spannung noch von der Einfühlung des Lesers lebt. Seinen Erfolg dann allein auf die angeblich anarchistische Fabulierfreude zurückzuführen, ist allerdings auch unstatthaft.

Die Interpreten haben herausgearbeitet, wie kunstvoll dieses Werk gebaut ist, von der Makrostruktur des Romans über die einzelnen Kapitel bis hin in die Mikrostruktur der Sätze. Und so bleibt als die einfachste und doch vielleicht überzeugendste Erklärung für den Erfolg, daß hier das Erzählen selbst seinen Triumph gefeiert hat, allen Theorien zum Trotz, die es als unzeitgemäß verdammen.

Literatur und Politik

Ruhm und «Boom» – Barcelona (1968–1974)

Gabriel García Márquez war 40 Jahre alt, als ihn mit seinem fünften Buch, völlig unvorbereitet, der Ruhm einholte. Eine Reise durch lateinamerikanische Länder wird zu einem Siegeszug. Die erste Station ist Caracas, wo er am 13. Internationalen Kongreß Iberoamerikanischer Literatur teilnimmt. Er schließt Freundschaft mit Mario Vargas Llosa, dem dort für seinen Roman «Das grüne Haus» der Rómulo-Gallegos-Preis verliehen wird. Zweifellos sind die beiden die Stars der Veranstaltung. Vargas Llosa vermittelt uns ein Bild des García Márquez jener Tage: «Der [drei Monate junge] Erfolg von *Hundert Jahre Einsamkeit* hatte aus ihm eine populäre Figur gemacht, und er amüsierte sich köstlich: Seine bunten Hemden blendeten die vergeistigten Professoren... den Journalisten gestand er mit der unbeweglichen Miene seiner Tante Petra, daß die Romane seine Frau schriebe... Aber da war zugleich der schüchterne Mensch, für den es eine Qual ist, öffentlich vor einem Mikrofon zu sprechen... Wir sitzen nebeneinander, und bevor er an der Reihe ist, steckt er mich mit seiner unendlichen Angst an: er ist bleich, seine Hände schwitzen, er raucht wie eine Fledermaus. Er spricht sitzend, artikuliert in den ersten Sekunden mit einer Langsamkeit, die uns auf unseren Plätzen erstarren läßt, und fabriziert endlich eine Geschichte, die eine Ovation auslöst.»[112]

Von Caracas aus fährt er nach Kolumbien. Plötzlich reißt man sich um den spätentdeckten Sohn des Vaterlandes. Und auch bei Veranstaltungen in Lima und Buenos Aires umwirbt man ihn wie einen Filmstar. Das wird ihm bald lästig. Er beschließt, mit seiner Familie nach Barcelona[113] zu ziehen, um dort in Ruhe an seinem nächsten Projekt arbeiten zu können, an einem Roman über einen lateinamerikanischen Diktator – *Der Herbst des Patriarchen*.

Zum erstenmal muß García Márquez sich keine Sorgen um den Lebensunterhalt für seine Familie machen. Die durchgestandenen Jahre

Gabriel García Márquez.
Zeichnung von Zapata

noch gut vor Augen, hatte er sich schon kurz nach Erscheinen von *Hundert Jahre Einsamkeit* dagegen gewehrt, das Bild des armen Künstlers, der gegen alle Widerstände anschreibt, zu idealisieren: *Ich bin nicht mit dieser alten Vorstellung einverstanden, daß der Schriftsteller durch Mühen hindurchgehen und im Elend leben muß, um ein besserer Schriftsteller zu sein. Tatsächlich glaube ich, daß der Schriftsteller sehr viel besser schreibt, wenn all seine häuslichen und finanziellen Probleme gelöst sind, und daß er desto besser schreiben wird, je besser seine Gesundheit ist, je besser es seinen Kindern und seiner Frau geht.*[114]

Jetzt, da seine finanziellen Probleme gelöst sind, wählt er sich im Vollgefühl seiner Unabhängigkeit einen eigenen Arbeitsrhythmus, den er beibehalten wird. Er schreibt, mit der Pünktlichkeit eines Bankangestellten, von neun Uhr früh bis etwa drei Uhr mittags, auf einer modernen elektrischen Schreibmaschine. Am Nachmittag widmet er sich seiner Familie, hört viel Musik, vor allem populäre karibische und klassisch-romantische von Beethoven bis Bartók.[115] Gegen Abend sucht er den Austausch mit Freunden und geht gern gut essen und trinken.

Die Vision von der Ruhe, die er derart in Barcelona genießen würde, erweist sich jedoch als irrig. Schon bald muß Mercedes ihn abschirmen. Denn auch hier belagern ihn Journalisten und – erstmalig – Verleger, die er stets nur als Unternehmer sehen wird, die mit seinen Büchern ihren Profit machen. Macondos Aura zieht nun die Europäer in ihren Bann. Ebenfalls in Barcelona hat García Márquez' Agentin Carmen Balcells alle Hände voll zu tun bei der Vergabe der Lizenzen. Im Laufe der folgenden Jahre sollte der Roman in 32 Sprachen rund um die Welt übertragen werden. Zunächst aber hatte der «Boom» Europa erfaßt.

In Lateinamerika hatte das als «Boom» bezeichnete Phänomen jedoch nicht erst mit dem Erscheinen von *Hundert Jahre Einsamkeit* eingesetzt.

Mario Vargas Llosa   Julio Cortázar

In den sechziger Jahren waren eine ganze Reihe formal und inhaltlich innovativer Romane erschienen. Während von Europa aus diese Bücher meist unter dem Begriff «Magischer Realismus» subsumiert wurden, sprach man in Lateinamerika, eingedenk der Vielfalt der literarischen Ansätze, von der «nueva novela» (die jedoch mit ihrem Namensvetter, dem französischen «nouveau roman» und seiner Faszination für Oberflächenphänomene, kaum etwas zu tun hatte). Der Argentinier Julio Cortázar überraschte mit seinem der literarischen Avantgarde verpflichteten Roman «Rayuela». Mario Vargas Llosa aus Peru schrieb seinen eher traditionell sozialkritischen Erstling «Die Stadt und die Hunde» und bald darauf den mit einer Vielzahl von Erzählperspektiven und Handlungssträngen experimentierenden Roman «Das grüne Haus». Der Mexikaner Carlos Fuentes veröffentlichte in diesem Jahrzehnt gleich drei Romane: «Nichts als das Leben», «Zona Sagrada» (Heilige Zone) und «Hautwechsel», eine andauernde Identitätssuche auf verschiedenen Ebenen des Geschichtlichen und durch Sprachschichtungen hindurch, bestimmt von Lebenshunger und Todeseros. Die existentielle Fremdheit der Menschen in den chaotischen Immigrantenstädten am Río de la Plata gestaltete der Uruguayer Juan Carlos Onetti in seinem Roman «Die Werft». Der Kubaner Alejo Carpentier beeindruckte in seinem Roman «Explosion in der Kathedrale» durch die kunstvolle Verschränkung von Geschichte, au-

Alejo Carpentier   Carlos Fuentes

tochthonem Mythos und abendländischer Kultur. Und Manuel Puig zeichnete, mit Trivialmythen aus Funk und Film spielend, ein Bild der argentinischen Provinz in seinen Romanen «Verraten von Rita Hayworth» und «Der schönste Tango der Welt».

Innerhalb dieses (bei weitem nicht vollständigen) Spektrums muß man *Hundert Jahre Einsamkeit* sehen. Die Literaturauffassung des Autors deckt sich am ehesten mit der des 25 Jahre älteren Kubaners Alejo Carpentier.[116] Dieser hatte sich 1949 in einem Romanvorwort «Über die wunderbare Wirklichkeit Amerikas» mit dem europäischen Surrealismus auseinandergesetzt, der – auf den ersten Blick – ähnlich wunderbare Resultate wie mancher lateinamerikanische Roman hervorgebracht hat. Carpentier beschreibt den wesentlichen Unterschied: Man muß an Wunder glauben, um das Wunderbare zu erkennen oder gar zu erschaffen. «Daher war das ungläubig beschworene Wunderbare – woran sich die Surrealisten so viele Jahre hindurch versuchten – nie mehr als ein literarischer Kunstgriff, so langweilig in seiner Wiederholung wie jene regelrecht produzierte Traum-Literatur...»[117]

Spezifisch für Lateinamerika ist, daß «magisches» Bewußtsein und Wirklichkeit einander bedingen und verändern, also in einem dynamisch produktiven Verhältnis zueinander stehen, während die Wirkung der surrealistischen Konstrukte sich auf die Überraschung der Betrachter beschränkt (bestenfalls – und das ist nicht wenig – ihre Wahrnehmungsgewohnheiten verändert).

Weniger aus theoretischen Erwägungen als aus praktischen Erfahrungen heraus teilte García Márquez die Auffassungen Carpentiers. Sie entsprachen zudem seinem Temperament als Erzähler. Was ihn vor anderen Autoren auszeichnet ist die scheinbare Leichtigkeit und Natürlichkeit, mit der seine Sicht der Wirklichkeit sich im Roman in einer einzigartigen Fülle von assoziationsreichen Bildern und Geschichten konkretisiert. *Hundert Jahre Einsamkeit* ist kaum weniger kunstvoll gebaut als Romane von Carpentier, und doch ist es leichter lesbar, schon weil es darin nicht die vielen Anspielungen auf abendländisches Kulturgut gibt (die bei Carpentier keineswegs Selbstzweck sind, sondern den Synkretismus der Kulturen in der Karibik widerspiegeln).

Jedenfalls war García Márquez nicht der erste, für den sich europäische und amerikanische Verleger interessierten. Vielmehr hat er zunächst von dem Interesse profitiert, das seine Kollegen bereits im Ausland geweckt hatten, wobei dann allerdings sein spektakulärer Erfolg wiederum für die anderen förderlich war. Die wahre Bedeutung des «Booms», der auch ein Leser-«Boom» gewesen sei[118], aber habe in der Eroberung des lateinamerikanischen Marktes gelegen, so sieht es García Márquez Jahre später: *Damit haben wir damals erst richtig zu existieren begonnen.*[119]

Eine politische Komponente spielte dabei eine wichtige Rolle. Die Solidarität mit dem kubanischen Versuch, einen eigenen Weg aus der Abhängigkeit von Europa und den USA zu finden, verwischte die Trennende zwischen den einzelnen Ländern, rüttelte sie aus ihrer kulturellen Provinzialität auf und stellte die Frage nach einer lateinamerikanischen Identität neu. Eine Frage, die alle in dieser Zeitspanne erschienenen Romane indirekt stellten und auf ihre Weise beantworteten.

Das geschah zunehmend von Europa aus: Ende der sechziger, Anfang der siebziger Jahre lebte die Mehrzahl dieser Autoren in Spanien oder Frankreich, als freie Schriftsteller wie Cortázar, Vargas Llosa und García Márquez, oder in diplomatischer Mission für ihr Land wie Carpentier, Fuentes und Neruda. Gelegentlicher Kritik an diesem Exodus begegneten sie mit der Überzeugung, gerade aus der Distanz heraus eine klarere Sicht auf die Probleme ihres Kontinents zu gewinnen.

Hinzu kam, daß sie in die Aufbruchssituation um 1968 gerieten. Das Interesse für Lateinamerika und die Dritte Welt war unter dem Signum einer antiimperialistischen Solidarität sprunghaft gewachsen. Daß diese Autoren nicht in ihrer Heimat lebten, mag ihren Zusammenhalt in Europa verstärkt haben. Der war jedoch weit mehr als ein Zweckbündnis. Die herzliche Freundschaft zwischen den damals berühmtesten vier Autoren: Vargas Llosa, García Márquez, Fuentes und Cortázar übte einen Sog auf andere Schriftsteller aus, nicht zuletzt, weil der Einfluß dieser vier, an der rechten Adresse geltend gemacht, einiges bewir-

García Márquez (links) und Pablo Neruda in der Normandie

ken konnte – ein Umstand, der ihnen den Beinamen «Die Mafia» eintrug.

Der chilenische Autor José Donoso hat in seiner «Persönlichen Geschichte des Boom» die damalige Stimmung eingefangen. Er verlegt den Anfang des Booms in das Jahr 1965, auf ein Fest bei Carlos Fuentes in Mexiko: «Das war der Augenblick des ersten Verströmens, als alles zusammenzulaufen schien: von der Annäherungspolitik der kubanischen Intellektuellen, die unserem Dunstkreis mit ihrem Freiheitsversprechen einen Zusammenhalt gaben, bis zur Gründung der Zeitschrift ‹Mundo Nuevo›, die ihren Sitz provokant in Paris hatte.»[120] Das Ende des Booms erlebte Donoso dann in der Silvesternacht 1970 auf einem Fest bei Luis Goytisolo in Barcelona. «An diesem Abend sprach man hauptsächlich über die Gründung der Zeitschrift ‹Libre›, die in Cortázars Haus in der Vaucluse geplant worden war, als sich eine Truppe lateinamerikanischer Schriftsteller aus Paris mit einer Truppe lateinamerikanischer Schriftsteller aus Barcelona zusammengesetzt hatte. Alle waren nach Avignon gekommen, um der Uraufführung von Carlos Fuentes' ‹Der Einäugige ist König› mit Samy Frey und Maria Casares beizuwohnen... Auf diesem Neujahrsfest im Haus Goytisolos in Barcelona herrschte dasselbe Klima von Hoffnung und Zusammengehörigkeit, Sicherheit und Freude, obwohl

In Barcelona, 1974: Mario Vargas Llosa, José Donoso und Gabriel García Márquez mit ihren Frauen

sich schon bald einige ausgeschlossen fühlten und zu sticheln anfingen und später ein paar Vorwitzige unwahre Behauptungen aufstellten.»[121]

Kuba bewies seine Rolle als intellektueller Kristallisationskern auf dem internationalen Kulturkongreß 1968 in Havanna, zu dem Intellektuelle aus aller Welt strömten. Sie bestaunten wohlwollend die schnellen Erfolge der Alphabetisierungskampagne, die Umgestaltung der Wirtschaft unter schwierigsten Blockade-Bedingungen und die kulturelle Lebendigkeit auf der Insel. Und Kuba spielte diese Rolle, nun aber ins Negative gewendet, noch einmal 1971 bei der Affäre Padilla. Heberto Padilla, ein kritischer kubanischer Dichter, war festgenommen worden. Schlimmer fast als die Festnahme des Oppositionellen wirkte auf die Beobachter, daß dieser sich

nach seiner baldigen Freilassung einer öffentlichen Selbstkritik unterzog. Zweifel an der Freiwilligkeit der Selbstbezichtigung und Erinnerungen an stalinistische Prozesse kamen auf. Und plötzlich entdeckte man, daß so manches auf der Insel nicht den hehren sozialistischen Idealen entsprach. Aus Kuba, dem Modell der Hoffnung, wurde, fast über Nacht, ein Modell der Enttäuschung. Diesen Umschwung wollte García Márquez nicht mitmachen. An Fidel Castro gerichtete Resolutionen zum Fall Padilla unterzeichnete er nicht, was ihm scharfe Kritik eintrug.[122]

Die Einheit der lateinamerikanischen Autoren war jedenfalls zerbrochen, und bald darauf zerbrach auch die Freundschaft zwischen Vargas Llosa und García Márquez. Hierfür waren allerdings, neben den politischen, auch persönliche Gründe verantwortlich. Zahlreiche Anekdoten ranken sich um diese Verfeindung, darunter die Geschichte einer zufälligen Begegnung 1976 im Gebäude des mexikanischen Fernsehens.[123] Vargas Llosa soll damals den ehemaligen Freund, der ihn gerade begrüßen wollte, mit einem Faustschlag niedergestreckt haben; García Márquez hatte sich angeblich in eine Ehekrise des Ehepaars Vargas Llosa mit guten Ratschlägen an die Frau gemischt. Vargas Llosa hat im Laufe der Jahre García Márquez mehrmals politisch attackiert, dazu gehört die Abqualifizierung des Kolumbianers als «Höfling Castros» beim internationalen PEN-Kongreß 1986 – bei uns bekannt geworden durch die empörte Reaktion von Günter Grass über diese Art des Umgangs unter Kollegen. – Die politischen Wege der beiden Autoren hätten kaum weiter auseinanderdriften können: Während García Márquez Ende der achtziger Jahre in Kuba am Aufbau der Filmakademie arbeitete, wurde Vargas Llosa in Peru von den Rechtskonservativen zum Kandidaten für die Präsidentschaftswahlen 1990 gekürt.

Eine gewisse Ironie liegt in der Tatsache, daß ausgerechnet 1971, im Jahr der Padilla-Affäre, García Márquez in den USA die Ehrendoktorwürde der Columbia University erhält[124] und daß zur selben Zeit Vargas Llosas gründliche Untersuchung zu García Márquez, «Historia de un deicidio» (Geschichte eines Göttermords), gedruckt wird, die auch ein Zeugnis der Bewunderung des Peruaners für den Kollegen ist.

Der «Boom» als literarische Bewegung war jedenfalls Anfang der siebziger Jahre vorbei. Nicht aber der Boom der lateinamerikanischen Bücher auf dem internationalen Literaturmarkt. García Márquez als Exponent dieses Erfolgs mußte mit immer drastischeren Mitteln sein Privatleben vor dem Andrang von Journalisten, Interpreten und Bewunderern abschirmen. So bekam er die Einsamkeit des Ruhms zu spüren. Während jene, die es schafften, zu ihm vorzudringen, seine spontane Freundlichkeit preisen, sieht sein Bruder Eligio García Márquez schwerwiegende Veränderungen: «Wenn all diese Täuschungsmanöver – falsche Adressen und Telefonnummern, überraschendes Verschwinden – nichts nützen, wozu diese Politik des Schweigens, weshalb fliehen, immer fliehen? Ist dies nicht einfach der Anfang einer unerbittlichen menschlichen Leere?»[125] Jedenfalls mußten die Zweifel des Autors wachsen, ob er, der Mensch García Márquez, überhaupt das Ziel all dieser Annäherungen sei. Er glaube nur an die Freunde, die er schon vor *Hundert Jahre Einsamkeit* gehabt habe, äußerte er. Der Tribut für den Ruhm ist, inmitten des Rummels, die Vereinsamung, für ihn kein unbekanntes Phänomen. Seine neuen Erfahrungen müssen ihn in dieser Obsession, die von Anfang an sein Schreiben bestimmte, bestärkt haben. Die Abkapselung aber trägt die Gefahr des Realitätsverlusts in sich, und alles, was er tut oder sagt, erhält unbeabsichtigt Gewicht. «Und einmal mehr», schreibt der Bruder, «begann sein Privatleben das Drama widerzuspiegeln, das er gerade am Beschreiben war: die riesige Einsamkeit der Macht.»[126] Unvorhergesehen belebte sich die Geschichte über den lateinamerikanischen Diktator mit persönlichen Erfahrungen, ein Vorgang, der zu jener überraschenden Äußerung des Autors führte, *Der Herbst des Patriarchen* sei sein autobiographischstes Buch.

Bevor die Niederschrift dieses Romans in die entscheidende Phase gelangte, schrieb García Márquez, um sich von der Last der *Hundert Jahre* zu befreien, eine Reihe von Erzählungen, die er zunächst als Kindergeschichten konzipiert hatte. Die erste, *Ein sehr alter Herr mit riesengroßen Flügeln*, las er seinen Söhnen vor, glaubte aber, bei ihnen damit nur Mitleid zu ernten. Später begriff er, daß der Fehler auch in der Annahme lag, daß Kinder Kindergeschichten mögen. *Sie mögen sie keineswegs, so wie sie auch keine Haferflocken mögen oder wie ihnen Schneewittchen nicht als Frau gefällt.*[127] Er vergaß die Kinder als Adressaten und schrieb weiter, es waren *Klavierübungen, auf der Suche nach dem Stil, den ich in dem neuen Buch verwenden würde*[128]. Motive aus den bisherigen Werken werden aufgegriffen und gewinnen eine neue Realität, die nun zunehmend im Bereich des Imaginären angesiedelt ist. *Ein sehr alter Herr mit riesengroßen Flügeln, Der schönste Ertrunkene der Welt, Blacamán der Gute, Wunderverkäufer* und *Die letzte Reise des Gespenster-*

Gabriel García Márquez,
1975. Aufgenommen von
seinem Sohn Rodrigo

schiffs haben neben dem Element des Märchenhaften zwei Motive gemeinsam: den Jahrmarktsrummel, ein Bild der Lebensfülle und der unbegrenzten Möglichkeiten zwischen Zauber und Scharlatanerie; und das Motiv der Ankunft eines Unbekannten, der die Sicht auf das eigene Leben verändert. In *Die letzte Reise des Gespensterschiffs*, eine Geschichte, die vier Seiten und einen einzigen Satz lang ist, erkennen wir dann jenen ungehemmten Erzählfluß, der den neuen Roman bestimmen wird.

Daß García Márquez in Barcelona auch wieder dem Film näherrückte, zeigt die Filmerzählung *Die einfältige Eréndira und ihre herzlose Großmutter*. Sie geht auf ein Motiv aus *Das Meer der verlorenen Zeit* zurück, das auch *Hundert Jahre Einsamkeit* aufgegriffen hatte. Ein Mädchen muß sich prostituieren, um eine Schuld abzutragen. Die zarte Eréndira dient selbstlos ihrer tyrannischen Großmutter, verursacht jedoch aus Versehen einen Hausbrand. Zur Abzahlung des Schadens schleppt die Großmutter sie nun durch die abgelegensten Dörfer, wo die Männer kilometerlang Schlange stehen, um sich für 50 Pesos an der Kleinen zu befriedigen. Alles ist ins Monströse übersteigert. Die Großmutter ist ein fettes Monster und wird von Ulises, der sich in die unschuldige Dirne verliebt hat, erstochen, wie im Märchen der Drache vom Prinzen. Die Erlösung zum glücklichen Ende findet jedoch nicht statt. Eréndira greift sich ein goldenes Wams der Großmutter und verläßt ihren erschöpften Geliebten. Hinter der Groteske, dem Spiel mit Märchen- und Sagenmotiven, dem zum Karnevalstreiben geronnenen Alltag, steht die düstere und sehr irdisch gefaßte Geschichte von unendlicher Schuld und Sühne.

Wenn García Márquez diese Geschichte auch von vornherein für das Kino schrieb, wollte er doch, nach seinen bisherigen Erfahrungen mit diesem Medium, kein Drehbuch mehr ausarbeiten. Als ihm jedoch dann das Skript von Margot Benacerraf vorlag[129] und gefiel, packte ihn die alte Filmbegeisterung. *Eigentlich müßte ich ruhig in Barcelona sitzen und «Der Herbst des Patriarchen» schreiben,* gestand er einem Reporter, *aber statt dessen renne ich mit Margot überall herum und suche Schauspieler, Drehorte, mache Fotos... das Kino und ich, das ist wie in einer schwierigen Ehe, ich kann weder mit ihm noch ohne es leben.*[130]

Der Herbst des Patriarchen

García Márquez hat seinen Diktatorenroman nicht in einem Stück niedergeschrieben wie *Hundert Jahre Einsamkeit*. Zum Teil haben ihn politische Aktivitäten aus dem Schreibrhythmus gebracht. Dazu gehörte die Unterstützung der neuen venezolanischen Linkspartei MAS (Movimiento al Socialismo), deren unorthodoxe, ausschließlich auf die Bedingungen im eigenen Land ausgerichtete Politik ihn beeindruckte. Als er 1972 den Rómulo-Gallegos-Preis erhielt, spendete er ihn dieser Bewegung und löste damit einen Skandal aus. Ein Jahr später putschte das Militär in Chile, ermordete den sozialistischen Präsidenten Salvador Allende und verhalf einem neuen erbärmlichen Diktator zum aufstieg, dem General Augusto Pinochet, den García Márquez von Anfang an vehement bekämpfte.

Zu solchen Problemen, die von außen auf ihn eindrangen, kamen Schwierigkeiten, die im Stoff begründet lagen. Eine war der Schreibansatz. Zunächst wollte er, das Verhör von Sosa Blanco in Kuba im Gedächtnis, den Roman in der Form einer Rechtfertigung des Diktators vor einem Volkstribunal schreiben. Dieser Ansatz setzte jedoch voraus, daß alle Geschehnisse aus der Perspektive des Diktators vergegenwärtigt würden, womit wesentliche Begleitphänomene der Macht, Realitätsverlust und Desinformation des Tyrannen, nicht darstellbar waren. Nach vielen Anläufen entschloß sich der Autor schließlich für ein polyphones Werk, in dem sich die Stimmen der Protagonisten (zu diesen gehörte auch das Volk) und damit die Perspektiven im regellosen Wechsel ablösen, überlagern, zum Chor zusammenfinden und wieder vereinzeln. Als der Roman 1970 nach dieser Methode schon ein Stück fortgeschritten war, plagten den Autor plötzlich Zweifel. *Sein Skelett mag prima sein, aber etwas fehlt ... der Geruch der Guayave ... das Gefühl der Wahrhaftigkeit bei dem, was du sagst.*[131]

Kurzentschlossen flog er mit Frau und Kindern zunächst nach Barranquilla, wo noch die alten Freunde, mit denen Gabo das Leben entdeckt hatte, auf ihn warteten. Anschließend reiste er fast ein halbes Jahr lang durch die gesamte Karibik – *die einzige Welt, in der ich mich nicht als Ausländer fühle*[132] – und tankte tropische Gerüche, Bilder und Empfindungen. Als er nach Barcelona zurückkehrte, konnte er seinen Roman unbeirrt weiterschreiben.

Als Vorarbeit hatte er alles gelesen, was ihm über Diktatoren in die Hände gefallen war; er verfügte über einen breiten Fundus an Ungeheuerlichkeiten, an grotesken bis tragischen Episoden, den er im Spanien des dahinsiechenden Franco noch vervollständigen konnte. Er wollte jedoch nicht über einen bestimmten Diktator schreiben, sondern über den lateinamerikanischen Diktator schlechthin, über *das große mythologische Tier*, die einzige originäre Figur, die Lateinamerika seiner Meinung nach hervorgebracht hat (und der u. a. auch Miguel Angel Asturias, Augusto Roa Bastos und Alejo Carpentier Romane gewidmet haben). Wie stets ließ García Márquez sich beim Schreiben von einem Bild leiten: Ein

Besuch in Barranquilla

unermeßlich alter Diktator, der allein in einem mit Kühen bevölkerten Palast lebt. Sein Interesse galt jedoch vor allem dem Wesen der Macht.

Ich weiß, wo mir der Gedanke kam, das Buch über den Diktator zu schreiben. In Caracas, Anfang 1958, als Pérez Jiménez gestürzt war... Die Regierungsjunta war in einem Saal in Miraflores versammelt... Es war vier Uhr früh und wir Journalisten hatten die ganze Nacht auf eine Ankündigung über die Zukunft des Landes gewartet, um die in jenem Saal gepokert wurde. – Auf einmal, zum ersten Mal, ging die Tür auf, und ein Offizier in Kampfuniform mit verdreckten Stiefeln kam rückwärts gehend heraus, mit seiner Maschinenpistole zielte er in den Raum, aus dem er kam... und er ging zwischen uns Journalisten hindurch, immer rückwärts, mit diesen Stiefeln, die teppichbespannten Treppen hinunter, stieg in einen Wagen und verschwand... in jenem Augenblick hatte ich eine Eingebung von dem, was Macht ist. Wie dieser Kerl, der da verschwand, nur um Haaresbreite die Macht verfehlte, und wie, wäre da nicht etwas für ihn schiefgelaufen, sich seine Geschichte verändert hätte und die Geschichte des ganzen Landes. – Was also ist dieser Funke, aus dem Macht erwächst? Was ist Macht? Was für ein rätselhaftes Ding![133]

Befragt, was ihn an der Macht so fasziniere, gab García Márquez die – für einen Sozialisten – überraschende Antwort: *Weil ich immer schon geglaubt habe, daß die absolute Macht die höchste und vielschichtigste Verwirklichung des Menschseins ist und sie deshalb gleichzeitig seine ganze Größe und sein ganzes Elend umfaßt.*[134]

Der Patriarch hat die absolute Verfügungsgewalt über die Menschen in seinem Land, er ist Herr über Leben und Tod – das malerischste Beispiel ist der kapitale Braten, den er eines Tages seinen konspirierenden Generalen zum Festmahl servieren läßt: der Kriegsminister, knusprig geröstet, mit einem Petersiliensträußchen im Mund. – Der Diktator ist sich selbst die einzige Grenze. Seine Unfähigkeit zur Liebe beweist sich noch dort, wo er, von der Liebe getrieben, diese zu erzwingen sucht. Wenn er seine zahllosen Konkubinen als Über-Macho bespringt, so ist das ein trauriges Geschäft, sein klägliches Winseln kündet davon. Und die Schmerzen in seinen enormen Hoden sind ein Zeichen für die Verletzbarkeit seiner Macht und seiner Potenz. So wie das pathologische Ausmaß der Trauer des Vaterlosen um die gestorbene Mutter, die er vom Papst heiligsprechen lassen will, die Verwerfungen seiner Seele erahnen läßt.

Solche Aspekte des Elends der Macht im Roman waren es, die García Márquez Kritik eintrugen. Es hieß, er habe seinen Diktator zu menschlich gezeichnet, man empfinde eher Mitleid als Abscheu.[135]

In seinen Anmerkungen zu *Hundert Jahre Einsamkeit* hat Carlos Fuentes wohl den besten Schlüssel für die Wechselbeziehung zwischen Literatur, Geschichte und politischem Bewußtsein, wie sie sich im Werk des Kolumbianers spiegelt, gefunden. Von Roland Barthes' Diktum ausgehend, daß Schönheit heute durch Verlangen ersetzt werden sollte, kon-

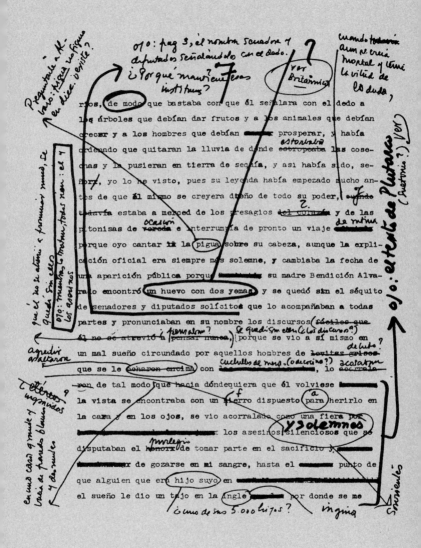

Manuskriptseite aus «Der Herbst des Patriarchen»

statiert Fuentes den Tod des Manichäismus, die Unmöglichkeit, Gut und Böse zu trennen. Fuentes spricht von der Versuchung der Freiheit, die zur Integration des Bösen führt. «Der Gut-Böse-Manichäismus verteufelte die Hälfte der Geschichte und reihte sie ideologisch in die Archive der Barbarei ein. Doch diese verleugnete Geschichte rächte sich am Schriftsteller... García Márquez verwandelt das Böse in Schönheit, weil ihm bewußt ist, daß unsere Geschichte nicht nur verhängnisvoll ist: auf eine dunkle Weise haben wir sie auch begehrt. Und er verwandelt das Böse in Humor, weil es, da begehrt, keine Abstraktion ist, die mit unserem Leben nichts zu tun hat: Es ist das Andere, das wir außerhalb unserer selbst, aber als Teil von uns sehen können, reduziert auf die ironische, proportionale, waghalsige Begegnung mit unseren alltäglichen Schwächen und Einbildungen.»[136]

Der Diktator ist aus den Bürgerkriegen hervorgegangen, er hat auf der Seite der Liberalen gekämpft und sich dort als Caudillo bewährt. Die Bereitschaft des Volkes, sich diesen Caudillos zu unterwerfen, ist nicht allein deren Gewalttätigkeit und Skrupellosigkeit geschuldet. Nur selten kommen sie aus der ländlichen ‹Aristokratie›. Sie gehen aus dem Volk selbst hervor, dem sie, dank ihres Machtinstinkts und Charismas, als ideale Versionen seiner selbst erscheinen, als die größeren Machos. Da sie sich gegen die zentrale Regierung durchsetzen müssen, fördern sie mit den eigenen oft auch lokale oder regionale Interessen. Nicht zufällig wird der Patriarch in seinen jungen Jahren als einer charakterisiert, der alle Nöte und Freuden der einfachen Menschen kennt, der selbst die Kühe melken und auch eine Nähmaschine reparieren kann. Die Fähigkeit, zu allen eine scheinbar persönliche Beziehung herzustellen, schwindet jedoch in dem Maße, wie seine Macht wächst und damit seine Desinformation und Einsamkeit zunimmt.

Die Gleichzeitigkeit von Distanz und Nähe wird auch durch die mythische Behandlung des Stoffs hergestellt, also vor allem durch die Auflösung der Zeit als Element linearer Strukturierung. Die Methode des kreisförmigen Erzählens wird aus *Hundert Jahre Einsamkeit* übernommen, jedoch mit größerer Freiheit verwendet. Die Kapitel beginnen jeweils mit dem Tod des Protagonisten, als der Gegenwart eines Teils der erzählenden Stimmen, und winden sich dann erinnernd in die ältere oder jüngere Vergangenheit zurück. Die Gegenwart des Mythos ist zugleich die Gegenwärtigkeit der verschiedenen Ebenen des Erinnerten. Das unermeßliche Alter des Patriarchen, das in jedem Fall die von einem Menschen erinnerbare Zeit übersteigt, aber ungefähr 200 Jahre beträgt, fördert die Verwischung der Zeitebenen. García Márquez geht noch weiter. Eines Tages, als alle Untertanen mit roten Mützen auftauchen und von sonderlich sprechenden Männern berichten, die im Tauschhandel ihre roten Mützen gegen alles Einheimische hergeben, entdeckt der verwirrte Diktator die drei Karavellen des Kolumbus, die draußen auf dem Meer ankern, hinter dem Kreuzer, den die Marines zurückgelassen haben.

In Bildern ist die gesamte Geschichte präsent und wirksam, und das in einer Konkretion, die jede konventionelle Geschichtsschreibung als blaß erscheinen läßt – etwa wenn der Diktator seine Schulden durch Überlassung des Meeres begleicht, das dann tatsächlich in Kartons verpackt abtransportiert wird. Zurück bleibt eine unfruchtbare Salpeterwüste.

Der Roman ist voll von solchen Episoden, in denen Geschichtsabläufe, ökonomische Entwicklungen, soziologische oder psychologische Phänomene auf ihren Kern komprimiert bildhaft aufscheinen, ein weites Feld für Interpretationen eröffnen, ohne je zur Interpretation aufzufordern. Der Autor selbst sprach während des Schreibens etwas bestürzt von der enormen Fähigkeit dieses Buchs, *Material zu verschlingen*[137]. Das Ergebnis ist eine ungewöhnliche Dichte, die jedoch durch die geradezu musikalisch bewegte Komposition, durch einen Stil, der von der Poesie Rubén Daríos bis zum karibischen Slang alle Sprachebenen in sich aufnimmt, nie in lastende Gewichtigkeit umschlägt.

Das Ende des Romans setzt einen Kontrapunkt zum Ende von *Hundert Jahre Einsamkeit*. Hieß es dort, daß *die zu hundert Jahre Einsamkeit verurteilten Sippen keine zweite Chance auf Erden bekämen*[138], was das fatalistische Element unterstrich, wird uns hier die Erfüllung einer Menschheitsutopie verkündet[139], daß, mit dem Tod des Diktators, *die unzählbare Zeit der Ewigkeit endlich zu Ende sei*[140].

Mit *Der Herbst des Patriarchen* ist García Márquez den Weg, der ihn von *Laubsturm* zu *Hundert Jahre Einsamkeit* führte, zu Ende gegangen. *Der Oberst hat niemand, der ihm schreibt* und *Die böse Stunde* sah er im nachhinein als Abwege an, auf die ihn ein falsch verstandenes politisches Verantwortungsgefühl gelenkt hatte. Hier nun hatte er ein zutiefst geschichtliches, aber auch avantgardistisches Werk geschrieben, das dem Roman ein neues Stück Freiheit in der Behandlung von Zeit und Raum eroberte. Er hatte so etwas wie einen Exorzismus der geschichtlichen Dämonen seines Kontinents betrieben und meinte, nun seinen Plan erfüllt zu haben. Er habe bereits alles geschrieben, was er sich einst vorgenommen hatte, sagte er. Für neue Projekte habe er den Kopf nicht frei, solange Pinochet in Chile an der Macht sei.[141]

Politik und Nobelpreis (1974–1982)

Man kann García Márquez gewiß nicht nachsagen, daß er ein Mann des politischen Zeitgeists wäre. So wie er nach der Affäre Padilla eher wieder engeren Kontakt zu Kuba suchte, verstärkte er sein praktisches politisches Engagement Mitte der siebziger Jahre, als sich in Europa wie in Lateinamerika politische Resignation breitmachte und ein Rückzug auf

Augusto Pinochet

die Ebene des Individuellen und Privaten stattfand. Mit dem Geld, das ihm sein Erfolg beschert hatte, hätte es sich García Márquez bequem machen können. Doch obwohl er keineswegs ein Verächter von Luxus ist, glaubt er an die *korrumpierende Kraft des Geldes*[142] und weiß, daß er sich davor hüten muß. Er erkauft sich sein gutes Gewissen nicht mit wohltätigen Spenden, sondern setzt sein Geld für politische Veränderung ein, investiert die mit seinen literarischen Auszeichnungen verbundenen Summen in politische Organisationen.[143]

Daß sein Ruhm ihm einen gewissen Einfluß auf die öffentliche Meinung einräumt, versteht García Márquez als Verpflichtung. In bezug auf die Militärdiktatur in Chile machte er sich nachträglich den Vorwurf, die Gefahren nicht rechtzeitig erkannt zu haben. *Ich hatte plötzlich den Eindruck, zerstreut gewesen zu sein: während der Zeit der Unidad Popular meinte ich, daß dieses Projekt vorankommen würde, daß es sich tatsächlich halten würde, und ich habe nichts dazu beigetragen, seine Zerstörung zu verhindern. Ich habe mich geirrt.*[144] García Márquez versuchte nun, das

Versäumte wiedergutzumachen, indem er zur internationalen Ächtung der Diktatur Pinochets beitrug: Er schrieb Artikel, unterstützte die Chile-Komitees und nahm 1976 am Russell-Tribunal (zusammen mit Julio Cortázar) teil, bei dem Chile, Argentinien und Uruguay wegen Menschenrechtsverletzungen angeklagt wurden.

Im Zusammenhang mit seinem verstärkten politischen Engagement in Sachen Lateinamerika ist wohl auch Ende 1974 seine Umsiedlung von Spanien nach Mexiko zu sehen. Die Kolumbianer waren enttäuscht. *In jedwedem Land Lateinamerikas kann ich politisch arbeiten*, meinte García Márquez dazu, *aber da ich Ausländer bin, erwartet niemand von mir, daß ich eine politische Führungsrolle übernehme... In Kolumbien dagegen ja; man bittet mich darum und man drängt sie mir auf... Ich lebe nicht in Kolumbien, weil ich... davor fliehe.*[145] Auch wenn er in dieser Phase seines Lebens das eigene Diktum *Die revolutionäre Aufgabe eines Schriftstellers ist es, gut zu schreiben*[146] nicht eng auslegt, will er sich auf keinen Fall von einer politischen Partei vereinnahmen lassen. Er wehrt sich gegen die verbreitete Meinung, daß mit dem Scheitern Che Guevaras in Bolivien und dem Scheitern Allendes in Chile sowohl der bewaffnete Kampf als auch der parlamentarische Weg zur gesellschaftlichen Umwälzung sich ein für allemal als untauglich erwiesen hätten.

Man könnte bei García Márquez von einer eigentümlichen Mischung aus Idealismus und Pragmatismus sprechen. Er verliert das Ziel nie aus den Augen, ist aber zu realitätsbezogen, um orthodoxen Festschreibungen zu trauen oder die Wirklichkeit an der reinen Lehre zu messen, bringt also Verständnis für eine Politik des Möglichen auf. Dementsprechend breit ist das Spektrum seiner politischen Sympathien: Von dem liberalen kolumbianischen Präsidenten López Michelsen über den Nationalisten Omar Torrijos aus Panama, den gemäßigten Sozialisten François Mitterrand bis hin zu den sandinistischen Kämpfern gegen den Diktator Somoza in Nicaragua und dem belesenen Revolutionär Fidel Castro.

Über alle Schwierigkeiten und Widersprüche in der kubanischen Entwicklung und den von Hoffnung wie Enttäuschungen getränkten Alltag einer Revolution wollte García Márquez in einem Reportage-Roman über Kuba unter der Blockade berichten. In Interviews sprach er mehrfach von diesem Projekt. Zwei Kapitel erschienen in der kolumbianischen Zeitschrift «Alternativa». García Márquez hatte 1974 zu den Mitbegründern dieses linken Forums gehört, das die Diskussion innerhalb der politischen Opposition des Landes beleben und zu einer Annäherung der zersplitterten Kräfte führen sollte. In den ersten beiden Kuba-Kapiteln beschreibt er die Folgen der totalen wirtschaftlichen Abhängigkeit von den USA, die einsetzende Verknappung nach Beginn des Boykotts und damit den Übergang von der Ausbeutung zur Mangelwirtschaft. Obwohl García Márquez nach eigenen Aussagen bereits an die 700 Seiten geschrieben hatte, wurde das Buch, das ihm kritischer geraten war, als er zu

Anfang angenommen hatte, nie gedruckt. Seine Befürchtung, es könne als Propaganda gegen Kuba verwendet werden, ließen ihn offensichtlich vor der Veröffentlichung zurückschrecken.[147]

Man machte ihm daraufhin den Vorwurf, sich durch Schweigen über Fehler und Unrecht zum Komplicen zu machen.[148] Er selbst nahm für sich in Anspruch, nur loyal und konsequent zu handeln, während andere Intellektuelle, insbesondere in Europa, ihr politisches Engagement allzu leichtfertig der jeweiligen Mode unterwürfen.[149] Ursache und Folge zugleich sei eine verheerende Informationspolitik über die Vorgänge in Lateinamerika und der Dritten Welt, sobald diese die romantische Aura des Befreiungskampfs verlören. García Márquez versucht selbst einen Ausgleich zu schaffen. Seine Zähigkeit, vielleicht auch eine gewisse Naivität (sein größter Fehler sei sein *irrationaler Optimismus*[150], bekennt er) erinnern an den Oberst, dem niemand schreibt. Diese Informations-Arbeit verlangt ihm ein beträchtliches Reisepensum ab. Er fährt nach Angola, um über die Lage nach dem Einsatz kubanischer Truppen zu berichten, und nach Vietnam, um den Ursachen für den Exodus der «boat-people» nachzugehen. Daneben pflegt er seine von manchen Kollegen als Wichtigtuerei belächelte «Geheimdiplomatie»: Er nützt seine Bekanntschaft mit Präsidenten und politischen Führern, um inoffiziell zu vermitteln, Terrain zu sondieren, punktuelle Allianzen zu fördern. Nicht zufällig gehört er zur offiziellen Delegation vom Omar Torrijos bei der Unterzeichnung des Panama-Vertrags 1978. Im selben Jahr gründet er die Stiftung «Habeas», die mit seiner finanziellen Unterstützung zur Verteidigung der Menschenrechte und der politischen Gefangenen in Lateinamerika tätig wird. In Kuba setzt er sich bei seinem Freund Castro ebenfalls für die Freilassung politischer Gefangener ein.[151] Reynold Gonzáles, ein katholischer Oppositioneller, 1963 als Konterrevolutionär verurteilt, kann mit ihm 1977 die Insel verlassen, und bald darauf konstatiert der Autor befriedigt, daß 90 Prozent der politischen Gefangenen in Kuba entlassen worden sind. Verbittert ist er nur darüber, daß dies in der internationalen Presse kaum gewürdigt wird.

Vor 1980 an schrieb García Márquez, wie in alten Zeiten, regelmäßig eine Kolumne für «El Espectador», die von «El País» in Madrid und anderen großen Zeitungen übernommen wurde. In subjektiver, anekdotischer Manier beschäftigte er sich mit alltäglichen und politischen Themen. Er lebte auch wieder zeitweilig in seinem Land. Den Militärs jedoch, die unter dem mit dem Ausnahmezustand regierenden konservativen Präsidenten Turbay Ayala ihre Macht ausdehnten, war er ein Dorn im Auge. Als 1981 ein gefangenes Mitglied der Guerrilla-Organisation M-19 angeblich unter Folter Kontakte zu García Márquez gestanden hatte, wird dieser gewarnt: seine Verhaftung stehe bevor. García Márquez bittet um Asyl in der mexikanischen Botschaft und kehrt nach Mexico City, seinem Hauptwohnsitz, zurück. Diese «Flucht» wurde von sei-

Mit Geraldine Chaplin und dem chilenischen Regisseur Miguel Littín: Dreharbeiten zum Film «Montiels Witwe», Mexiko 1979. Sechs Jahre später veröffentlichte García Márquez ein Buch über einen illegalen Aufenthalt Littíns in Chile

Szene aus «Montiels Witwe». In der Titelrolle: Geraldine Chaplin

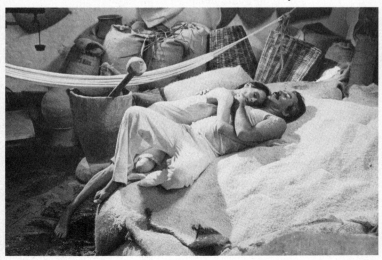

nen Gegnern denunziert als inszenierter Werbetrick für die gerade erschienene *Chronik eines angekündigten Todes.*

Die Unterstellung zeigt, welch irrationale Feindseligkeit sich der Autor im Laufe der Jahre mit seinem politischen Engagement eingehandelt hatte. Denn García Márquez war noch für keines seiner Bücher werbewirksam aufgetreten und war in der glücklichen Lage, es auch nicht nötig zu haben. Von *Chronik eines angekündigten Todes* war die Erstauflage von über einer Million Exemplaren binnen kurzem verkauft.

Während die Leser sich dankbar dem neuen Roman zuwandten, kommentierten die politischen Gegner hämisch, der Autor habe sein Versprechen, bis zum Sturz Pinochets nichts mehr zu veröffentlichen, gebrochen. Seine chilenischen Freunde hätten ihn davon überzeugt, daß diese literarische Enthaltsamkeit ihnen auf die Dauer nicht nütze, verteidigte sich García Márquez. Sicher ist, daß ihn inmitten seiner politischen Betriebsamkeit die Sehnsucht nach der Literatur umgetrieben hatte, die ihm mehr als bloße Information und Meinung abverlangte. Und er hatte den Roman so gut wie heimlich geschrieben.

Das folgende Jahr wurde für den Autor ein Jahr der Ehrungen: Im Dezember 1981 nahm ihn Präsident Mitterrand in die Ehrenlegion auf, Fidel Castro verlieh ihm 1982 den Felix-Varela-Orden, die höchste kubanische Kulturauszeichnung, in Mexiko wurde ihm der «Aguila Azteca» zuerkannt und im Oktober schließlich in Schweden der Nobelpreis für Literatur – fast ein Jahrzehnt, nachdem sein Freund Pablo Neruda, Nobelpreisträger von 1971, ihn zum Feiern nach Paris geladen hatte mit der Bemerkung, die schwedische Akademie hätte sich ebensogut für den Autor von *Hundert Jahre Einsamkeit* entscheiden können.[152]

Wie einst der chilenische Dichter nützte García Márquez die Verleihung des Nobelpreises (den er nicht vorschriftsmäßig im Frack, sondern im weißen karibischen liqui-liqui entgegennahm), um in seiner Dankesrede das Schicksal Lateinamerikas zu beschwören. Er spricht von Gewalt und Repression, von Erschlagenen und Verschwundenen. Aber seine Rede ist auch Appell an das alte Europa: *Die Deutung unserer Wirklichkeit mit Hilfe fremder Schemata trägt nur dazu bei, uns immer unbekannter, immer unfreier, immer einsamer zu machen... ich glaube, daß Europas aufgeklärte Geister... uns besser helfen könnten, wenn sie ihre Art, uns zu sehen, von Grund auf änderten. Die Solidarität mit unseren Träumen wird unser Gefühl der Einsamkeit nicht vermindern, solange sie sich nicht umsetzt in Taten echter Unterstützung für die Völker, die für sich die Hoffnung in Anspruch nehmen, bei der Verteilung der Welt ein eigenes Leben fordern zu können.*[153] Er nimmt Bezug auf seinen Meister Faulkner, der, ebenfalls vor dem Nobelkomitee, sich geweigert hatte, das Ende des Menschen hinzunehmen. Dieses sei nunmehr in den Bereich der wissenschaftlichen Wahrscheinlichkeit gerückt. *Angesichts dieser bestürzenden Wirklichkeit, die seit Menschengedenken als Utopie erscheinen mußte, fühlen*

Überreichung des Nobelpreises durch König Carl XVI. Gustaf, Stockholm 1982

wir Geschichtenerfinder, die wir alles glauben, das Recht zu glauben, daß es noch nicht zu spät ist, sich um die Schaffung der Gegenutopie zu bemühen. Die neue mitreißende Utopie eines Lebens, in dem niemand über andere bis hin zur Art des Todes entscheiden darf, in dem die Liebe wirklich gewiß und das Glück möglich ist und in dem die zu hundert Jahren Einsamkeit verurteilten Sippen endlich und für immer eine zweite Chance auf Erden bekommen.[154]

Chronik eines angekündigten Todes

Dieser Roman hätte sein erster werden können. García Márquez hatte nur ein paar Erzählungen geschrieben, als ein blutiges Ereignis im Umkreis seiner Familie ihn aufschreckte. Ein junger Mann hatte in der Hochzeitsnacht seine Angetraute zu den Eltern zurückgebracht, weil sie nicht mehr Jungfrau gewesen war. Die Brüder des Mädchens hatten daraufhin, um die Familienehre wiederherzustellen, den an der Schande der Schwester vermeintlich Schuldigen getötet. García Márquez, der das Opfer kannte, war empört über diese atavistische Gewalttat. Fasziniert mag den jungen Autor dennoch haben, daß das Ereignis an eine Moritat erinnerte und zugleich Züge einer klassischen Tragödie aufwies.

Als er jedoch zu erkennen gab, daß er der Geschichte nachgehen wollte, nahm ihm seine Mutter das Versprechen ab, darüber nicht zu schreiben, solange die Mutter des Ermordeten lebte. Damit war der Stoff für ihn erst einmal tabu. Als er nach fast 30 Jahren erfuhr, daß diese Einschränkung nun nicht mehr galt, hatte er, auf der Suche nach dem kollektiven Geheimnis dieses individuellen Schicksals, die Geschichte im Freundeskreis bereits so oft erzählt, daß er nur noch die erzählerische Strategie für die schriftliche Fassung finden mußte.[155]

García Márquez, der den «König Ödipus» einmal als den besten Krimi der Weltliteratur bezeichnet hatte[156], wählte als Form die kriminalistische Rekonstruktion des Tathergangs aus Zeugenaussagen. Auch die Fiktion des Erzählprozesses bleibt sehr nah an der Realität. Nach 27 Jahren kehrt der Erzähler, der alle Beteiligten kennt, in das Dorf zurück und läßt sich deren jeweilige Version des Geschehens berichten. Aus den zum Teil widersprüchlichen Aussagen entsteht ein Bild jenes verhängnisvollen Tages.[157] Am Schluß, nachdem auch alle Hintergründe und Folgen des Geschehens zur Sprache gekommen sind, steht die Beschreibung des eigentlichen Tötungsaktes, die in ihrem grausamen Naturalismus das Anachronistische dieses Ritualmords noch einmal betont.

Chronik eines angekündigten Todes ist das einzige Werk des Autors, für das er nachträglich eine mehr als nur punktuelle Interpretation geliefert hat. Der Anlaß, seine übliche Reserve aufzugeben, war ein offener Brief der italienischen Intellektuellen Rossana Rossanda, in dem sie ihre

«Chronik eines angekündigten Todes». Szenen aus der Verfilmung von Francesco Rosi: Die Hochzeit

Der Tod

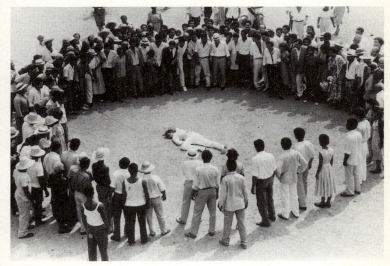

scharfsinnige Deutung des Romans auf die aktuelle politische Situation übertrug: «Das Thema ist die Verantwortung, und das ist ein Thema der siebziger Jahre.»[158] Sie sah eine Parallele zwischen der Erstarrung des Revolutionsideals zu einer rituellen Formel und dem Ersatz der Identität durch einen leeren Ehrbegriff im Roman; und in beiden Fällen das Schuldigwerden durch Passivität. Auch wenn García Márquez eine solche Interpretation rundweg ablehnte – *Nie habe ich daran gedacht, daß all dies eine Metapher für die Welt von heute sei*[159] –, fühlte er sich wohl durch seine Hochachtung für Rossana Rossanda verpflichtet, ernsthafter als sonst über seine Intentionen zu schreiben. *Was mich gut 30 Jahre lang interessierte, ohne daß ich mich dazu entschloß, darüber zu schreiben, war die kaum glaubliche Tatsache, daß das ganze Dorf wußte, daß Santiago Nasar getötet werden sollte, und er der einzige war, der es nicht wußte. Dies brachte mich dazu... eine tiefergehende Analyse der Gesellschaft, in der ich lebe, zu versuchen... In den letzten Jahren dann entdeckte ich in dem Drama ein Element, das zweifellos das einzig neue und meiner Meinung nach etwas ganz Besonderes ist: die Brüder, die Santiago Nasar ermordet haben, wollten es gar nicht tun, sondern sahen sich durch sozialen Druck dazu gezwungen... Meine Arbeit bestand darin, die fast unendliche Reihe winziger und miteinander verketteter Berührungspunkte zu entdecken und ans Licht zu bringen, die in einer Gesellschaft wie der unsrigen dies absurde Verbrechen ermöglicht haben. Alles war vermeidbar, und der soziale Verhaltenskodex, nicht das Schicksal, war der Grund dafür, daß es nicht verhindert werden konnte. In diesem Sinne hast Du recht: dies ist kein Drama des Schicksals, sondern der Verantwortung. Mehr noch: der kollektiven Verantwortung. Ich glaube sogar, das Buch endet damit, daß der Mythos des Schicksals unglaubwürdig wird, weil es nämlich Stück für Stück dessen grundsätzliche Bestandteile auseinandernimmt und zeigt, daß wir selbst die alleinigen Herren unseres Geschicks sind.*[160] Das ist ein wesentlich anderer Schicksalsbegriff als jener, der Macondo, dessen Ende «geschrieben» stand, bestimmte. Der freie Wille konnte sich, sofern er unter den Bedingungen Macondos überhaupt denkbar war, nur mit Würde an seiner eigenen Vergeblichkeit abarbeiten.[161]

Der soziale Verhaltenskodex, der in der *Chronik* Schicksal spielt, ist wesentlich vom «Machismo» geprägt. Die Ehre des Mannes läßt es nicht zu, daß seine Frau einem anderen als ihm selbst «gehört» hat. Er hat das Recht und die Pflicht, diese Ehre, die Teil seiner männlichen Identität ist, bis aufs Blut zu verteidigen. Die Frau kann beliebig zurückgestoßen und bestraft werden. Es wird ihr aber nicht die Verantwortung zugestanden, selbst für ihr «Verschulden» einzustehen. Diese Verantwortung trägt ein Mann, der Verführer. Sein Tod wäscht die Ehre rein. Und es sind wiederum die Männer der Familie des Mädchens, die, ob sie wollen oder nicht, aufgerufen sind, ihn «hinzurichten».

García Márquez versteht seine *Chronik* auch als Abrechnung mit dem

Machismo in seinem Land, wobei er allerdings der Meinung ist, daß der Machismo das Produkt einer matriarchalisch geprägten Gesellschaft ist. *Die Person, die das Drama aus dem Schatten regiert, ist Pura Vicario, Angelas Mutter.*[162] In der Tat beeinflußt diese eher unauffällige Nebenfigur an entscheidenden Stellen das Geschehen. Sie meint, daß man das Gottesgeschenk einer guten Partie nicht verschmähen darf. Angelas Einwand, sie liebe den Mann nicht, wischt sie mit dem Argument beiseite, daß sich auch Liebe erlernen lasse. Sie hat die Tochter zu Gehorsam erzogen, und diese wagt nicht, die Mutter in ihr Geheimnis einzuweihen. Als Bayardo San Román Angela zurückbringt, prügelt die Mutter das Mädchen grün und blau. Sie erwartet von ihren Söhnen, daß sie die Familienehre wiederherstellen. Und sie ist es, die nach Ablauf der Tragödie alles tut, um die Tochter lebendig zu begraben. Selbst ein Opfer des anachronistischen sozialen Verhaltenskodex ist sie zugleich seine Erfüllungsgehilfin.

Das allerdings hat sie mit den anderen Dorfbewohnern gemeinsam. *Und ich glaube, was diese an jenem Tag lähmte, war das Gefühl, bewußt oder nicht, daß jenes rituelle Verbrechen moralisch legitimiert war.*[163] Was die Nachgeschichte des Dramas angeht, so hat García Márquez sich nicht auf die tatsächlichen Fakten, sondern auf das, was die Leute erzählten, gestützt. *Was mich jetzt interessiert, ist, daß dieser Aussöhnungsversuch (zwischen Bayardo San Román und Angela Vicario) den Überlebenden des Dramas sofort bekannt wurde; und diese verbreiteten ihn in einer Version, als wäre er tatsächlich gelungen… Sie spürten wohl, daß alle diese Versöhnung brauchten, weil sie wie das Ende einer kollektiven Schuld wirkte, als sei die Katastrophe, an der sie alle schuld waren, nicht nur wiedergutgemacht, sondern auch für immer aus dem sozialen Gedächtnis getilgt.*[164]

Es war also nicht nur eine Frage der Erzählstrategie, daß García Márquez die Nachgeschichte innerhalb des Romans erzählt, als Schluß aber die Beschreibung des grauenhaften Todes von Santiago Nasar setzt. Der kollektiven Schuld wird das Erinnern entgegengesetzt.

Wie wenig sich der Sittenkodex, der das Verbrechen ermöglichte, in den 30 Jahren bis zur literarischen Verarbeitung verändert hatte, wurde aus Interviews deutlich, die findige kolumbianische Journalisten, trotz der vom Autor veränderten Namen, mit Protagonisten des Geschehens führten. Erschreckend wirkt das mit Miguel Reyes, alias Bayardo San Román, der die Zurückgabe der Angetrauten folgendermaßen begründet: «Ich hätte ein Opfer von Margarita [Angela Vicario] werden können, wurde es aber nicht, denn da gab es einen Mann, vor dem ich Respekt hatte: mich selbst.»[165]

In der sprachlichen Präzision und Kürze erinnert die *Chronik* an *Der Oberst hat niemand, der ihm schreibt*. War García Márquez von einer mythisierenden Behandlung seiner Themen wieder abgerückt, hatte er

Mit Frau Mercedes und Sohn Rodrigo, 1981

nach zwei Meisterwerken, in denen das Real-Imaginäre bei der Deutung der objektiven Wirklichkeit in einer bildreichen Sprache die Oberhand gewonnen hatte, sich nun einem neuen Stil, einer neuen Nüchternheit verschrieben? Die Zäsur ist offensichtlich (und enttäuschte manchen europäischen Leser, der immer mehr im Urwald gestrandete Galeonen, immer mehr Kühe in einsamen Regierungspalästen erwartete).

García Márquez hatte sich schon früher dagegen gewehrt, daß man seine Romane im Sinne einer stilistischen Entwicklung interpretierte. Jedes Thema erfordere seine eigene Sprache, und genau die gelte es zu finden. Die Sprache der *Chronik* ist prägnant und funktional auf die jeweiligen Zeugen bezogen, ohne daß eine Typisierung durch Spracheigenheiten stattfände. Thema und sprachliche Behandlung stellen keine besonderen Erfordernisse bei der Lektüre. Dennoch entfalten sich beim genaueren Lesen eine Vielzahl von Bezügen und Assoziationen, die dem Roman die sozialpsychologische Dichte geben.

Sicherlich ist diese Chronik, ähnlich wie *Hundert Jahre Einsamkeit*, auf verschiedenen Ebenen rezipierbar (auch als Kriminalreportage oder wie ein «vallenato», einer jener populären Erzählgesänge, für die der Autor schwärmt) und damit für ein breites Lesepublikum prädestiniert. Anders als bei *Hundert Jahre Einsamkeit* ist sich García Márquez jedoch dieses Umstands bewußt. Es schreckt ihn nicht, *populäre Literatur* zu schreiben, vielmehr kümmert er sich darum, daß diese nicht an den traditionellen Barrieren zwischen Leser und Buch scheitert. *Es ist sinnlos, populäre Literatur zu schreiben, wenn sie nicht verkauft wird... Ich möchte präzisieren, daß diese hohe Auflage... drei Bedingungen voraussetzt. Zunächst einen niedrigen Preis. Sodann eine große Schrift. Und schließlich den Verkauf auch außerhalb von Buchhandlungen. Die Buchhandlungen sind die Tempel, die nur von Initiierten betreten werden... In Kolumbien ist das Buch in Supermärkten, in den Autobussen, am Ausgang von Kinos und Stadien verkauft worden. Hunderttausend Exemplare sind am 1. Mai weggegangen... Ich möchte nicht in jenem hermetischen Raum eingeschlossen werden, in den man die Literatur sperren will. Aber ebensowenig möchte ich Konzessionen machen, etwa meine Schreibweise opfern, um sie volkstümlicher zu gestalten.*[166]

Jacques Gilard, der Herausgeber von García Márquez' journalistischem Werk (der erste der vier Bände war damals gerade erschienen), hat in bezug auf die *Chronik eines angekündigten Todes* nicht den vermeintlichen Bruch, sondern die Kontinuität innerhalb des Werks herausgearbeitet. García Márquez selbst hatte sich einst dagegen gewehrt, daß man sein Werk allzusehr mit Macondo identifiziere. Zwar schrieben die meisten Autoren ihr Lebtag an einem einzigen Buch, doch wenn das für ihn auch zuträfe, so handle es sich nicht um das Buch von Macondo, sondern um das der Einsamkeit (die für den Autor nicht nur eine persönliche Erfahrung, sondern eine conditio humana ist). Auch in der *Chronik* sind Einsamkeit und Entfremdung Gründe für die Entwicklung der Tragödie. Clotilde Armenta, deren Versuche, das Verbrechen zu verhindern, an der Gleichgültigkeit der Männer scheitern, spricht es aus: *Mein Gott, wie einsam sind wir Frauen in der Welt!* [167] Gilard nun geht einen Schritt weiter: Nicht die Einsamkeit, sondern der Tod sei das zentrale Motiv im Werk des Kolumbianers.[168] Das gilt in der Tat schon für die frühesten Erzählungen, und es ist auffallend, daß drei Romane – *Laubsturm, Der Herbst des Patriarchen* und *Chronik eines angekündigten Todes* – einen ähnlichen Aufbau haben. Ein Todesfall ist Ausgangspunkt für die vielstimmige Reflexion über den Toten und die Rekonstruktion seines Lebens und seiner Beziehungen zu den Erzählern. Dennoch ist der Tod nicht das eigentliche Thema des Autors. Vielmehr begreift er das Leben vom Tod her, der dieses in seiner Einzigartigkeit, seiner Fülle und Begrenztheit ins Bild rückt, es im Rückblick schicksalhaft erscheinen läßt. Zu fragen wäre, ob nicht die fatalistische Aura der Werke von García Márquez in erster Linie aus der Perspektive des Rückblicks resultiert.

Trotz der Treue zu bestimmten erzählerischen Ansätzen bewies der Autor jedoch mit der *Chronik*, daß er sich nicht auf ein Themenrepertoire und eine Stilart festlegen läßt, daß er mit Lust neue Terrains erobert.

Karibische Zukunft im Sinn (1982/83)

Von den Geschichten über Lateinamerikaner in Europa, die García Márquez als Arbeitsprojekt erwähnt hatte, erschien *Die Spur deines Blutes im Schnee*: eine Erzählung über ein junges Paar auf Hochzeitsreise, die Europa-Erfahrungen des Autors verarbeitet; eine geradezu klassische Kurzgeschichte, die durch den Einbruch des Unwirklichen und Unheimlichen in den Alltag gekennzeichnet ist. – Als Vorgeschmack auf die vom Autor angekündigten *falschen Memoiren* darf man vielleicht *El cuento del cuento* (*Die Geschichte der Geschichte*) werten, ein Stück Prosa, in dem die Entstehungsgeschichte von *Chronik eines angekündigten Todes* in subjektiv anekdotischer Manier erzählt wird – ohne Rücksicht auf Widersprüche zu früheren Interview-Aussagen.[169]

Mit der Aufgabe seines auf Pinochet bezogenen Schreibstreiks gab García Márquez jedoch nicht seine politischen und publizistischen Aktivitäten auf. 1982 und 1983 beschäftigte er sich intensiv mit dem Projekt einer neuen kolumbianischen Tageszeitung (die Zeitschrift «Alternativa» war 1979 eingestellt worden), die «El otro» heißen sollte.[170] Für diese Zeitung wollte García Márquez das Geld des Nobelpreises spenden. Da auf Grund zahlreicher Schwierigkeiten nicht damit gerechnet werden konnte, daß die Zeitung sich einmal selbst tragen könnte, wurde das Projekt jedoch schließlich aufgegeben.

In Kolumbien betätigte sich García Márquez darüber hinaus als Vermittler zwischen dem Präsidenten Belisario Betancur und der Guerrillaorganisation M-19; es ging dabei um die langfristige Wiedereingliederung der Guerrilleros in das demokratische politische Leben.

Er engagierte sich weiter für Kuba, Nicaragua und für die Friedensbemühungen der Contadora-Gruppe in Mittelamerika. Sein Filmszenario über eine spektakuläre Geiselnahme durch die Sandinisten, die den Sturz Somozas beschleunigte, erschien 1982 unter dem Titel *Viva Sandino* als Buch. Im Jahre 1984 nahm García Márquez an der Amtseinführung Präsident Ortegas teil. Die Erwartung, die er in die Sandinisten setzte, gründete sich auch auf die (letztlich falsche) Hoffnung, daß die Umwälzung des diktatorialen Regimes in eine revolutionär-demokratische Gesellschaft nicht so wie in Kuba von Isolation und Boykott gehemmt und verzerrt werden würde.

Seine journalistische Arbeit hatte er 1983 unterbrochen, um sich ganz einem neuen Romanprojekt zu widmen. Er wählte ein Thema, dem ‹seriöse› Autoren heutzutage aus dem Weg gehen: eine Liebesgeschichte mit Happy-End, und er schrieb sie zur Überraschung seiner Leser auch noch im Stil des 19. Jahrhunderts. Der Titel – er sollte eher an eine Abhandlung als an einen Roman erinnern – fiel ihm gegen Ende seiner Arbeit ein: *Die Liebe in den Zeiten der Cholera*. Bereits 1985, den Sieben-Jahres-Rhythmus seiner bisherigen Romanveröffentlichungen verkür-

García Márquez mit Ernesto Cardenal, dem Kulturminister Nicaraguas, 1985

zend[171], erschien dieses bislang umfangreichste Buch, wieder mit einer Erstauflage von über einer Million Exemplaren, verteilt auf verschiedene Verlage im spanischsprachigen Raum. Den Löwenanteil trug wie immer sein kolumbianischer Hausverlag La oveja negra davon.[172] Und in Volksfeststimmung wurde die Buchpremiere begangen.

Die Liebe in den Zeiten der Cholera

Es war unvermeidbar: der Geruch von bitteren Mandeln ließ ihn stets an das Schicksal verhinderter Liebe denken.[173] Das ist der Anfangsakkord, der, wie stets die ersten Sätze von García Márquez' Romanen, den allgemeinen Erzählton vorgibt und mitten ins Geschehen einführt.[174]

Doktor Juvenal Urbino, der angesehenste Arzt der ungenannten karibischen Hafenstadt, muß den Totenschein für seinen Schachfreund Jeremiah de Saint-Amour ausstellen. Dieser hat seinem Leben ein Ende gesetzt, um sich vor dem *indezenten* Zustand des Alters zu bewahren. Das feste Weltbild des 81 Jahre alten Juvenal Urbino gerät ins Wanken, als er entdeckt, daß sein gelähmter Freund über Jahre eine heimliche Liebschaft hatte und überdies nicht der *ungläubige Heilige* war, für den er ihn gehalten hat, sondern ein aus Cayenne geflüchteter Krimineller. Die Erkenntnis, daß das Leben mehr Geheimnisse birgt, als sein aufgeklärter Geist wahrhaben wollte, muß er mit in den Tod nehmen. Noch am selben Tag kommt er auf absurde Weise ums Leben: Er versucht, seinen auf den Mangobaum entflohenen Papagei einzufangen, stürzt dabei von der Leiter und stirbt, nicht ohne vorher seiner Frau Fermina Daza zu bekennen: *Nur Gott weiß, wie sehr ich dich geliebt habe.*[175] Bei der Totenfeier muß die erstarrte Fermina Daza, 72 Jahre alt, gleich noch mal ein ähnliches Bekenntnis hören: *Auf diese Gelegenheit habe ich ein halbes Jahrhundert lang gewartet, um Ihnen erneut ewige Treue und stete Liebe zu schwören.*[176] Florentino Ariza, der nicht aufgehört hat, auf Fermina zu hoffen, seitdem sie ihn in jungen Jahren abgewiesen hatte, hält seine Stunde für gekommen.

Dieses Eingangskapitel ist nicht nur eine weitgespannte Einführung in die Lebensbedingungen kurz nach der Jahrhundertwende, in die Biographie des Juvenal Urbino und in die Geschichte seiner Ehe, sondern zugleich die Einführung in einen Diskurs über die Liebe, das Alter und den Tod. *Für mich,* gestand der Autor, *ist das wichtigste an diesem Roman nicht der Roman selbst. Es ist die Tatsache, daß ich mich fast zwei Jahre lang, und das acht Stunden täglich, einschließen mußte, um über die Liebe, das Alter und den Tod nachzudenken... Das ist eine sehr lange Zeit der Reflexion.*[177] Im Roman ist diese Reflexion ganz im Konkreten aufgehoben, in Szenen, Gesten und Bildern mit poetischem Eigengewicht.

Vom zweiten Kapitel an erzählt García Márquez weitgehend chronologisch die Geschichte der Fermina Daza, jener einzigen Tochter eines reichgewordenen Maultierhändlers, der aus Fermina eine feine Dame machen will. Fast wäre ihm der Telegrafist Florentino Ariza dazwischengekommen, eine eher traurige Gestalt, dem sein überschwengliches Sentiment, seine Liebe zur Poesie und sein talentiertes Geigenspiel eine romantische Aura geben. Florentinos schmachtende Briefe machen Fermina neugierig, und es beginnt ein heimlicher Briefwechsel. Als der Vater die Briefe entdeckt, reagiert er unerbittlich. Er nimmt Fermina mit auf eine *Reise des Vergessens* zu ihren Verwandten in der entfernten Provinz. Er hat jedoch nicht mit der Zähigkeit des romantischen Verehrers gerechnet, der seine Kollegen in den jeweiligen Telegrafenstationen mobilisiert und so zwei Jahre lang den Kontakt zu seiner *bekränzten Göttin* aufrechterhält.

García Márquez hat hier die hürdenreiche Liebesgeschichte seiner Eltern nachgezeichnet und sich zugleich die Frage gestellt, was passiert wäre, wenn die *Reise des Vergessens* ihren Zweck erreicht hätte. Fermina Daza steht, als sie ihren Verehrer kurz nach ihrer Rückkehr trifft, *vor einem Abgrund der Ernüchterung* und beendet die Beziehung mit einem Billett: Sie habe eingesehen, daß ihre Liebe nur eine Illusion gewesen sei.

Werbung für die Erstausgabe

Florentino Ariza ist verzweifelt, wieder einmal scheinen seiner Mutter die Symptome der Liebe mit denen der Cholera identisch zu sein. Noch hofft er, als ihn ein neuer Schlag trifft: Er erfährt, daß Fermina Daza den reichsten und vornehmsten jungen Mann der Stadt heiraten wird und für ihn damit in unerreichbare Ferne rückt. Auch er wird auf eine Reise des Vergessens geschickt, den Magdalena hinunter in ein verlassenes Nest, wo er den Posten des Telegrafisten übernehmen soll. Doch er kehrt um, fest entschlossen, so lange geduldig zu warten, bis Juvenal Urbino gestorben ist.

Ariza, der uneheliche Sohn eines verstorbenen Reeders, hält sich an seinen Onkel und steigt langsam, aber sicher und mit der Skrupellosigkeit des Unbeirrbaren in der karibischen Flußschiffahrtsgesellschaft auf. Alles im Namen der Liebe, die er nun auch von einer anderen Seite kennenlernt. Verführt von einer vitalen Witwe, findet er als Ersatz für seine Sehnsucht die Sexualität. Er wird in aller Diskretion und ohne je seine idealische Liebe zu Fermina zu verraten, zu einem versierten Liebhaber. Die Sinnenfreuden der Zukurzgekommenen scheinen hier als Glücksversprechen auf. Witwen, arme Verkäuferinnen, frustrierte Ehefrauen, unsichere Schulmädchen – ihnen allen kann Florentino Ariza, dem niemand solche Fähigkeiten zutraut, schöne Stunden bereiten. García Márquez' Gespür für die signifikante Anekdote, für unerhörte Schicksale und groteske Konstellationen kommt in diesem Kompendium der Liebeleien, das breiten (für manche Kritiker zu breiten) Raum im Mittelteil des Romans einnimmt, voll zur Geltung.

Derweil erobern Juvenal Urbino und Fermina Daza die Stadt. Sie, die Urbino, der den von ihrem Vater erwünschten Schwiegersohn verkörpert, nicht wollte, hat ihn schließlich mehr aus Resignation denn aus Liebe genommen. Auch der Arzt war zunächst mehr von Ferminas eigenwilliger Art gefesselt als in Liebe zu ihr entbrannt. Doch die zweijährige Hochzeitsreise in Europa gibt ihnen Gelegenheit, die fehlende Liebe zu *erfinden*[178], sie zu erproben und ihr eine dauerhafte Grundlage zu schaffen. Zurück in der Karibik, treten die beiden als die eleganten Emissäre einer neuen Lebensart auf, sie verkörpern Fortschritt und Kultur: keine Neuerung, die nicht unter ihrer Schirmherrschaft eingeführt wird, von den Hygienemaßnahmen, die schließlich die Choleragefahr eindämmen, bis hin zum städtischen Opernhaus. García Márquez beschreibt das Leben der Urbinos als Regentschaft über eine Stadt, in der sich doch prinzipiell wenig verändert, die der Fäulnis, dem Verfall, dem stickigen Klima anheimgegeben ist und von den immergleichen Vorurteilen, von Korruption und Bürgerkriegen geprägt wird.

Interessant ist, daß García Márquez dieses Romanprojekt zunächst sehr viel breiter angelegt hatte. Er wollte alle geschichtlichen und politischen Ereignisse vor und nach der Jahrhundertwende in die Handlung einbringen. Eine erneute Lektüre der «Éducation sentimentale», die er aus der plötzlichen Befürchtung heraus, es könnten sich Ähnlichkeiten einschleichen, unternahm, brachte ihn davon ab. Seiner Meinung nach war es Flaubert nicht überzeugend gelungen, die individuelle Geschichte seines Helden mit der Frankreichs zu verbinden. Obwohl nun bei García Márquez die historisch-politischen Daten vage gehalten sind, ist in seinem Roman eindeutig der Mythos zugunsten der Historie zurückgedrängt worden. Und der ursprünglichen Anlage ist wohl zu verdanken, daß der Roman die damaligen Lebensbedingungen in den verschiedenen sozialen Schichten bis hin zu alltäglichen Details aufnimmt und bewahrt. Weniger global als in *Hundert Jahre Einsamkeit*, dafür aber um so akribischer und bewußter spürt der Autor geschichtliche Identität auf. Nicht

Flußdampfer auf dem Río Magdalena

zufällig überwindet er an ein paar Stellen des Romans die Distanz des allwissenden Erzählers mit einem *wir* oder *unser*.

Zurück zur Liebe. Die bezwingende Komik, die zuweilen die Schilderung von Eheglück, Ehealltag und Ehekrieg der Urbinos kennzeichnet, hat dazu beigetragen, daß oft nur eine Satire auf die konventionelle Ehe darin gesehen worden ist. Im Roman wird jedoch diese Ehe auch als eine Erscheinungsform der Liebe dargestellt. Äußerungen des seit Jahrzehnten glücklich verheirateten Autors können das indirekt bestätigen: *Die Ehe ist... eine ständige, oft erschöpfende Anstrengung, aber sie lohnt die Mühe. Eine Figur in irgendeinem meiner Romane sagt es in einer etwas gröberen Form: «Auch die Liebe erlernt sich.»*[179] Wenn Fermina Daza, als ihr Mann stirbt, den *Greis ihres Lebens* beweint, so ist das auch Ausdruck dieses möglichen prozessualen Charakters von Liebe. Und als die Witwe schließlich dem Werben Florentino Arizas nachgibt und sich mit ihm auf die Flußreise den Magdalena hinauf begibt, knüpft zwar er, nicht aber sie an das romantische Jugenderlebnis an. Ihre Entscheidung entspringt nicht nur ihrem jäh aufflammenden Bedürfnis nach Selbstbestimmung – diesmal gegen die Tochter, die eine solche Beziehung zwischen alten Leuten als unappetitlich empfindet. Vielmehr *lernt* sie Florentino Ariza lieben, in seinen altersweisen Briefen, in seinem Takt, in seiner Unbeirrbarkeit. Anders als in ihrer Jugend hat sie nun die Gelegenheit, den realen Menschen und nicht eine Illusion liebzugewinnen. Darum ist sie es, die fordert, *einander wie erwachsene Leute* zu lieben.

Daß García Márquez das Happy-End, Sexualität inbegriffen, in das – keineswegs idealisierte – Greisenalter verlegt, gehört zu den Kühnheiten des Buchs, die in das Gewand eines traditionellen Romans aus dem 19. Jahrhundert gekleidet sind; dessen scheinbare Gemächlichkeit gibt dem Autor die Chance, das ganze Spektrum an Liebesmöglichkeiten durch die verschiedenen Lebensalter zu verfolgen und in der Nähe zum Tod kulminieren zu lassen. Als Florentino Ariza auf dem Flußdampfer die Cholera-Flagge hissen läßt, um unbehelligt von anderen Passagieren die späte Hochzeitsreise fortzusetzen, fragt der beunruhigte Kapitän, wie lang denn das gehen solle. Der fast achtzigjährige Mann antwortet: *Das ganze Leben.*[180]

Was mich an dem Roman am meisten interessiert, so der Autor, *ist diese Untersuchung der Liebe in allen Lebensaltern... Was fehlt, ist immer die Liebe, und wenn es sie gibt, zeigt sie sich auf die gleiche Weise.*[181] Der Roman ist *selbstverständlich* Mercedes gewidmet. Man kann vermuten (und wird durch ein paar Indizien darin bestärkt[182]), daß der Autor Fermina Daza auch Züge seiner Frau gegeben hat.

So stellt sich dann die – eigentlich unzulässige – Frage, in welcher Figur der Autor selbst sich wohl am ehesten verkörpert sieht. Wenn wir den symmetrischen Aufbau des Romans betrachten, die vielen Parallelkonstruktionen (etwa die zwei Hochzeitsreisen, beide auf einem Schiff), fällt auf, daß Juvenal Urbino und Florentino Ariza durch die Figur der Fermina Daza eine Verbindung eingehen. Florentino Ariza erkennt es verstört: *Sein Herz spielte ihm einen jener üblen Streiche, die sich nur das Herz einfallen lassen kann. Es offenbarte ihm, daß er und jener Mann, in dem er immer seinen persönlichen Feind gesehen hatte, Opfer ein und desselben Schicksals waren...: zwei Ochsen, die in das gleiche Joch gespannt waren.*[183] Man denkt an die klassischen Gegensatzpaare apollinisch und dionysisch, naiv und sentimentalisch, rational und emotional; sie werden im Roman in diesen beiden Figuren (und ihren literarischen Ahnen) immer wieder bis ins Komische hinein hypertrophiert. Fragt man nach einer möglichen Synthese, gerät die Person des Autors ins Blickfeld – auch wenn man ihm wohl nicht unterstellen kann, er habe mit diesem Buch ein zwiegespaltenes Selbstporträt zeichnen wollen.

Zurück zum Film (1986–1989)

Während *Die Liebe in den Zeiten der Cholera* ihren Siegeszug antrat (besonders erfolgreich übrigens in Deutschland, wo allein von der gebundenen Ausgabe an die 500 000 Exemplare verkauft wurden[184]), widmete sich der Autor wieder verstärkt seiner alten und schwierigen Liebe zum Film. Als Präsident der «Fundación del Nuevo Cine Latinoamericano» förderte er die Gründung der Internationalen Schule für Film und Fernsehen in Kuba. Sie konnte 1986 eröffnet werden, mit dem Ziel, Film- und Fernsehschaffende aus Lateinamerika, Afrika und Asien auf internationalem Standard auszubilden. Die kubanische Regierung stellte Areal und Gebäude in Los Baños, 40 Kilometer von Havanna entfernt, zur Verfügung und bezahlte die Angestellten. Die moderne technische Ausrüstung und die wechselnden Gastdozenten, die allesamt anerkannte Praktiker sein sollen, werden aus Spenden finanziert.

In der Presse wurde diese Schule zunächst gern als Propagandatrick Fidel Castros hingestellt. Der argentinische Regisseur Fernando Birri, Pionier des lateinamerikanischen Films und Direktor der Schule, hatte auf die Frage, warum dieses Institut ausgerechnet in Kuba gegründet wurde, die damals noch überzeugende Antwort, daß es das Land mit den

Einweihung der Film- und Fernsehschule in Havanna 1986: García Márquez und Fidel Castro

stabilsten politischen Verhältnissen in Lateinamerika sei, wo man langfristig planen könne.[185] Auf jeden Fall wird der Pluralismus bei Ausbildung und Projekten gewährleistet.

Das bedeutet nicht, daß die Akademie kein politisches Selbstverständnis hätte. Denn sie soll den Studenten Mittel an die Hand geben, dem medialen Kulturimperialismus in ihren Ländern, ausgeübt durch Serienware vor allem aus den USA, etwas Eigenes entgegenzusetzen. Ganz bewußt wird das Fernsehen als gleichberechtigtes Medium behandelt. Die Ausbildung dauert drei Jahre, die Spezialisierung auf Regie, Drehbuch, Ton, Kamera oder Schnitt beginnt erst im letzten Studienjahr.

Drehbuch-Kurse gibt auch García Márquez. Eine venezolanische Drehbuchautorin, die zur Fortbildung nach Kuba kam, über ihren Lehrer: «...dies ist das Faszinierende an García Márquez, wie er uns ohne penetrante Gelehrsamkeit oder sture Didaktik zuerst ein Bild vermittelt, von dem dann alles Weitere ausgeht, und uns Schritt für Schritt in eine Dynamik des narrativen Denkens hineinzieht, bis wir letztlich in der Gruppe fast automatisch unseren Plot entwickeln.»[186]

Diese Schule ist ein Jugendtraum von García Márquez, den er gemeinsam mit Freunden am Centro Sperimentale di Cinematografia im Rom geträumt hat. Und die ehemaligen ‹Römer›, nun alle um die Sechzig, sind wieder dabei, *an Bord des gleichen Schiffs,* so García Márquez in seiner Eröffnungsrede[187]: Julio García Espinosa (stellvertretender kubanischer Kultusminister, Ressort Film), Fernando Birri, *Vater des neuen lateinamerikanischen Films,* Tomás Gutierrez Alea, Regisseur, und der Autor selbst.

Neben der Schule hat sich die Stiftung Neuer Lateinamerikanischer Film eine ganze Reihe von Aufgaben gestellt: private Produzenten für die Finanzierung lateinamerikanischer Filmprojekte zu gewinnen, Stipendien für junge Filmemacher auszuschreiben, eine erste Filmothek des Unabhängigen Kinos der Dritten Welt aufzubauen und die Geschichte des lateinamerikanischen Films sowie ein spanisches Lexikon zu Film und Fernsehen zu erarbeiten.

García Márquez betätigt sich selbst erneut als Drehbuchschreiber. Seine Erzählung *Ein sehr alter Mann mit riesengroßen Flügeln* wird von Fernando Birri gespielt und verfilmt. Aber der Autor betritt auch für ihn neues Terrain. Er schreibt die Drehbücher für eine mehrteilige Fernsehserie unter dem Titel *Amores difíciles* (Schwierige Liebschaften), die vom spanischen Fernsehen produziert und von verschiedenen Regisseuren verfilmt werden.

1987 wird in Cannes Francesco Rosis Verfilmung von *Chronik eines angekündigten Todes*[188] gezeigt, erhält allerdings ein zwiespältiges Echo. Die Vielzahl von Perspektiven und Deutungen in der literarischen Vorlage geht im neuen Medium verloren, die klare Nüchternheit des Romans verschwimmt in den zum Teil opulenten Bildern.

Plakat zum Film «Fabel einer schönen Taubenhändlerin»
aus der Serie «Amores difíciles»

Im selben Jahr ist García Márquez Gast des Internationalen Filmfestivals in Moskau. Er bewundert Gorbatschows Reformgeist und lädt bei dieser Gelegenheit – staatsmännisch fast – den Generalsekretär nach Lateinamerika ein.

Seine Aktivitäten in Sachen Film kommen der Stiftung des Neuen Lateinamerikanischen Films zugute, denn García Márquez stellt ihr seine sämtlichen Einnahmen aus diesbezüglichen Interviews, Texten und Copyrights zur Verfügung.

Mit Film und Politik hatte auch eine Veröffentlichung aus dem Jahre 1985 zu tun: *Die Abenteuer des Miguel Littín. Illegal in Chile.*[189] Der chilenische Filmemacher hatte nach langjährigem Exil unter falschem Paß und mit verändertem Aussehen die verbotene Einreise gewagt. Sein Ziel war, einen Dokumentarfilm über sein Land unter Pinochet zu drehen.[190] Aus der Ich-Perspektive schildert García Márquez' Report (nach Tonbandaufzeichnungen von Gesprächen mit Littín) die so gefährlichen wie kuriosen und deprimierenden Bedingungen von Littíns Chile-Aufenthalt. In Chile selbst wurden dann 15 000 Exemplare des Buchs beschlagnahmt und vernichtet.

Nach seinen Drehbucharbeiten wagte García Márquez einen ersten Vorstoß in die Welt des Theaters und schrieb – für die argentinische Schauspielerin Graciela Dufau – den Monolog in einem Akt *Liebestirade gegen einen sitzenden Mann*[191]. Im Herbst 1988 wurde er in Buenos Aires uraufgeführt, einige Monate später folgte eine Aufführung in Havanna. Der Monolog sei zu episch, zu wenig theatergerecht, monierten die Kritiker. García Márquez gab die Rechte für weitere Aufführungen nicht frei. Die Zusage, die er dem Kölner Schauspiel vorbehaltlich möglicher Änderungen gegeben hatte, zog er zurück, als das Stück bereits einstudiert war, er aber noch nichts geändert hatte. Es kam nur zu ein paar Aufführungen und fast zu einem Rechtsstreit.

Unabhängig von der Bühnenrealisation ist dieser Monolog für die Leser des Gesamtwerks von Interesse, da er das Thema Liebe aus der *Cholera* fortführt, zahlreiche Motive wiederaufnimmt und variiert. Zuweilen entsteht der Eindruck, daß hier Fermina Daza in die Gegenwart geholt worden ist. Eine Frau rechnet am Morgen der Silbernen Hochzeit mit ihrem Mann ab, der wortlos hinter einer Zeitung sitzt (laut Bühnenanweisung eine Schaufensterpuppe). Die Frau wirft ihm vor, sich selbst und die Liebe verraten zu haben, indem er sich bereitwillig in die Verhaltensmuster gefügt hat, die seine Familie, sein Stand und die Männerrolle ihm vorgaben. In den Vorwürfen scheint die lange Geschichte von Liebe und Fremdheit zwischen den Geschlechtern auf. Die Gerüchte über seine Liebschaften hat Graciela ertragen, aber die Heuchelei dieser gigantischen Feier zur Silbernen Hochzeit, für die er den Rest seines Vermögens verschleudert, ist ihr zuviel. Sie hat ein für allemal genug, wohl wissend, daß es wahrscheinlich *keinen anderen gibt, den ich so lieben kann, wie ich*

Karikatur von Roche in «La Jordana», Mexiko

*nur einen in diesem Leben geliebt habe*¹⁹². Fast wie im Scherz zündet sie die Zeitung an, hinter der ihr Mann sitzt, und während sie noch von flammender Liebe spricht, fängt der Mann (die Puppe) buchstäblich Feuer und verbrennt hinter ihrem Rücken zu Asche.

Zur Charakterisierung des Mannes läßt García Márquez eigene Aussagen aus Interviews von Graciela aufgreifen, etwa: *Vor allem anderen bin ich der beste Freund meiner Freunde.*¹⁹³ Und es bleibt offen, ob es Hellsicht oder Eifersucht ist, aus der heraus sie fortfährt: *Man weiß: du bewahrst dir immer die alten, läßt nicht zu, daß in deiner Gegenwart über sie gelästert wird, fährst rund um die Welt, um einen Schluck mit ihnen zu trinken… Wie auch immer, ich frage mich schon seit langem, ob du alles, was du für sie tust, aus Zuneigung oder aus Eitelkeit tust.*¹⁹⁴

García Márquez, der aus seinen Büchern die Dialoge weitgehend verbannt, weil er einen besonderen Unterschied zwischen dem gesprochenen und dem geschriebenen Spanisch konstatiert, der den Dialog im Roman künstlich erscheinen läßt, führt uns hier eine lebendige gesprochene Sprache vor, die ebenso von poetischen wie von vulgärsprachlichen (und vielen karibischen) Elementen durchdrungen ist.

Auf der politischen Bühne war der Autor erneut 1986 aufgetreten. Er hielt die Eröffnungsrede zu den Friedens- und Abrüstungsgesprächen der Sechs (Mexiko, Argentinien, Indien, Griechenland, Schweden, Tansania) im mexikanischen Ixtapa.

Inzwischen bewegte ihn jedoch ein neues literarisches Thema. Zehn Jahre lang habe er darauf gelauert, sagte er, denn ein alter Freund hatte es vor ihm entdeckt und in Beschlag genommen. Alvaro Mutis wollte über Simón Bolívars letzte Reise auf dem Magdalena schreiben. *Als er «Das letzte Antlitz», eine Leseprobe aus dem Buch, veröffentlichte, hielt ich es für eine ausgereifte Erzählung von einer solchen Reinheit des Stils und Tons, daß ich erwartete, binnen kurzem das vollständige Buch zu lesen. Zwei Jahre später hatte ich dann aber den Eindruck, daß er, wie es uns Schriftstellern oft sogar mit unseren liebsten Träumen geht, es aufgegeben hatte, und da erst wagte ich ihn zu bitten, das Buch selbst schreiben zu dürfen.*[195] So steht es in der Danksagung, die dem Roman *Der General in seinem Labyrinth* angefügt ist.

García Márquez bei der Konferenz der Sechs in Ixtapa, 1968. Neben ihm.: Julius Nyerere, Rajiv Gandhi, Raúl Alfonsín, Miguel de la Madrid, Andreas Papandreou und Ingvar Carlsson

Alvaro Mutis

Der General in seinem Labyrinth

Zunächst habe ihn der Magdalena, den er als Schüler und Student so oft flußaufwärts und flußabwärts gefahren sei, mehr interessiert als die Figur des historischen Helden, behauptet García Márquez.[196] Die liebevolle Ausführlichkeit, mit der er die Flußreisen bereits in *Die Liebe in den Zeiten der Cholera* beschrieben hat, läßt jedoch vermuten, daß es sich hierbei eher um das entscheidende Bindeglied zwischen dem einen und dem anderen Roman handelt. Ein abgeschlossenes Buch sei wie ein erlegter Löwe, es höre auf, ihn zu interessieren, bemerkt García Márquez gern in Anlehnung an Hemingway. Das gilt jedoch nicht für Themen und Motive. Stets geht mit dem Vorstoß in ein neues Terrain die Weiterentwicklung erzählerischer Fragestellungen einher.

Daß im Roman nicht der Fluß, sondern die Gestalt Bolívars in den Mittelpunkt des Interesses rückt, ist fast zwangsläufig, handelt es sich doch nicht um irgendeinen General, sondern um den lateinamerikanischen Heros schlechthin. Zu Anfang des 19. Jahrhunderts hat sich Simón Bolívar in den Unabhängigkeitskriegen gegen die spanische Krone den Titel «El Libertador», der Befreier, erkämpft. Tausende von Meilen zog er mit seinen schlecht ausgerüsteten Soldaten durch den halben Kontinent und befreite die Territorien von Kolumbien, Venezuela, Ecuador, Peru und Bolivien von der spanischen Herrschaft, wurde mit Ehren und

Simón Bolívar

Regierungsämtern überhäuft und jagte doch erfolglos seinem Traum von der panamerikanischen Einheit nach. Denn diese ‹große Lösung› lag weder im Interesse des Auslands noch in dem der jeweiligen lokalen Bourgeoisien, die ihre Selbständigkeit bedroht sahen. In dem Maße, wie das allen gemeinsame Interesse an der Unabhängigkeit von Spanien – dank Bolívar – gegenstandslos wurde, wurde er selbst allmählich zur anachronistischen Figur, obwohl sein Entwurf durchaus zukunftsweisender als die partikularistischen Vorstellungen seiner Gegner war. Im Jahre 1830 wählt ihn der Kongreß in Bogotá nach zwölfjähriger Präsidentschaft ab. Krank und wohl wissend, daß er am Ende seiner ruhmreichen Laufbahn steht, verläßt Bolívar mit einem kleinen Gefolge die Hauptstadt und macht sich auf den beschwerlichen Weg über die Anden zum Magdalena, den er bis Cartagena hinunterfahren will, um sich von dort aus nach Europa einzuschiffen.

García Márquez' Roman setzt mit Bolívars Abschied von Bogotá ein und schildert diese letzten Monate im Leben des Generals. Da sie am spärlichsten dokumentiert sind, meinte der Romancier, hier die größte

Freiheit zu haben. Bald wurde ihm jedoch klar, daß er auf der Suche nach dem Menschen Bolívar nicht ohne ein gründliches Quellenstudium vorankam. *Zwei lange Jahre über versank ich immer weiter im Treibsand eines Wusts von widersprüchlichen, oft zweifelhaften Dokumenten, von den 34 Bänden des Daniel Florencio O'Leary bis hin zu den unwahrscheinlichsten Zeitungsausschnitten. Mein absoluter Mangel an Erfahrung und Methodik in der Geschichtsforschung machten meine Tage noch mühseliger.*[197] *Nie wieder!* schwor er später in Interviews, obgleich er nun wußte, wie man dergleichen handhabe, und überdies die großzügige Hilfe von Fachleuten genossen hatte. – Obwohl er für das so entstandene Werk die Freiheit des Romans in Anspruch nimmt, sind die historischen Details mit akribischer Genauigkeit behandelt. Fast alles, was der *General* (der Name Bolívar erscheint nur einmal im ganzen Buch) sagt, ist wörtlich aus den etwa 3000 erhaltenen Briefen Bolívars oder anderen historischen Dokumenten übernommen worden.

Der General in seinem Labyrinth ist die Geschichte einer physischen und politischen Agonie und zugleich – und hier mögen persönliche Visionen eingegangen sein – eine Meditation über die Last und die Vergänglichkeit des Ruhms. Der früh gealterte, todkranke Mann, der buchstäblich immer weniger wird, erinnert nur in seltenen Augenblicken an den strahlenden Helden der Unabhängigkeit. Jeder Tag wird eine quälende Wiederholung des vorangegangenen: Hustenanfälle, Fieberdelirien, die Unfähigkeit, Nahrung zu sich zu nehmen, dazu der Zwang, bei jeder Reisestation die immer gleichen Empfänge mit Haltung über sich ergehen zu lassen. Diese bewußt eingesetzte Redundanz lastet auch auf dem Leser. García Márquez holt das Denkmal von seinem Sockel. Er zeigt den leidenden Menschen. Er zerstört jedoch nicht einfach den Mythos, indem er ihn mit der Wirklichkeit konfrontiert, sondern konfrontiert Bolívar selbst mit seinem eigenen Mythos. Eine sprechende Szene: der General, in einem der primitiven Flußboote sitzend, sieht eines der modernen Dampfschiffe vorbeiziehen, das er vergeblich zu mieten versucht hatte. Er sieht den Namen am Bug: *El Libertador*. Einer solchen Konfrontation dienen auch die Rückblenden und die Begegnungen Bolívars mit Gefährten aus anderen Lebensphasen.

Zugleich erfüllen sie den Zweck, sehr viel mehr von dem reichhaltigen Leben des Generals zu vermitteln, als es die Reise selbst erlauben würde. Etwa seinen Europa-Aufenthalt, bei dem ihn Alexander von Humboldt in seiner Vision von einem unabhängigen Südamerika bestärkt hatte. Und seine Beziehungen zu Frauen. Es ist überliefert, daß Bolívar nicht nur als begeisterter Tänzer eine große Faszination auf die Damenwelt ausübte. Da seine Liebschaften jedoch ungenügend belegt sind, nahm sich der Autor das Recht, sie samt und sonders zu erfinden: poetische und abenteuerliche Erlebnisse eines unruhigen Geistes. Historisch ist allein die Figur der Manuela Sáenz, einer Liebes- und Kampfgefährtin, die

Bolívar überall nachzog und doch stets wieder zurückgelassen wurde. García Márquez zeichnet einen Bolívar, der, geleitet von einer Idee und geprägt von seiner Macht, letztlich Angst vor einer Liebesbindung hatte.

Die Erzählperspektive ist streckenweise die eines distanzierten historischen Chronisten. Dann wieder werden auf geradezu filmische Weise Personen und Landschaften ins Bild gerückt. García Márquez verzichtet bei aller Annäherung an die Person Bolívars darauf, als allwissender Erzähler die Gedanken seines Helden zu kennen. *Was mein Herr denkt, weiß nur mein Herr* [198], drückt das José Palacios, der (historische) Diener und Adlatus aus, eine literarische Gestalt, die in ihrer unerschütterlichen Würde ihre Vorgänger im Werk des Autors hat.

Eine der Schwierigkeiten für García Márquez war es, bei den vielen Widersprüchen in den überlieferten Äußerungen Bolívars eine Leitlinie zur Charakterisierung der Person zu finden. Er fand sie in der Treue zu dem Ziel der amerikanischen Einheit, der Bolívar alles andere unterordnete, auch die Option für Regierungsformen (er liebäugelte kurzfristig sogar mit der Monarchie) und politische Bündnisse. Das machte ihn für seine Zeitgenossen oft unberechenbar. Diese Unberechenbarkeit ist auch eine Quelle der Spannung für den Leser des Romans, selbst wenn er das historische Ende kennt. Zur Niederschlagung eines Aufstands greift Bolívar noch einmal in die politischen Auseinandersetzungen ein. Diese führen dann zu einem der vielen Bürgerkriege, die Kolumbien über ein Jahrhundert lang erschüttern werden. Es gehört zu Bolívars Tragik, daß er bei seinem Tod nicht die kontinentale Einheit, sondern den regionalen Bruderkrieg hinterläßt.

Die Kritik reagierte auf den Bolívar-Roman nicht so einhellig positiv wie auf die vorangegangenen Werke des Autors. Unter lateinamerikanischen Historikern entbrannte eine Debatte darüber, ob Bolívar nicht zu positiv gezeigt werde im Vergleich zu seinem Gegenspieler Santander, der immerhin die zivilen Institutionen in Kolumbien aufgebaut hat. García Márquez selbst leugnet die Meriten Santanders nicht, meint aber, daß die Institutionen vom konservativen Geist des damaligen Spaniens geprägt worden seien, ein Erbe, an dem Kolumbien noch heute trage.

Emotionalisiert wurde die Debatte zusätzlich dadurch, daß Kolumbien sich im Roman gegenüber Venezuela (Bolívar ist gebürtiger Venezolaner, wobei diese Zuordnung nicht besonders relevant ist, immerhin gehörte Venezuela zeitweise zu Großkolumbien) benachteiligt fühlte. Schlimmer noch, García Márquez wurde vorgeworfen, den Kariben Bolívar benutzt zu haben, um seine eigene allseits bekannte Abneigung gegen das andine Bogotá zu illustrieren (das mag dem Autor in der Tat Spaß gemacht haben, dennoch: Bolívars Ausspruch, *das hier ist nicht mein Theater* [199], ist verbürgt).

Einige Kritiker gingen sogar soweit, in der Darstellung Bolívars eine Verherrlichung Fidel Castros zu vermuten – wofür der Roman nun wahr-

Bolívar-Denkmal vor dem Gebäude des Nationalkongresses in Bogotá

lich keinen Anhaltspunkt liefert. Die einzige Gemeinsamkeit könnte in der Forderung nach lateinamerikanischer Autonomie liegen. Denn die Akkumulation von Macht bei dem zentralistischen und länderübergreifenden Konzept Bolívars läßt sich wohl kaum mit der Macht des Revolutionsführers vergleichen. – Ein deutscher Rezensent ging noch einen Schritt weiter: *Der General in seinem Labyrinth* nehme prophetisch den Sturz Castros vorweg und damit das Scheitern jener zweiten großen Utopie für Lateinamerika.[200] Dies ist ein Gedankenspiel, das zwar kaum García Márquez unterstellt werden kann, sich jedoch heute, bei der veränderten politischen Weltlage, als nicht völlig realitätsfern erweist.

Es waren jedoch nicht nur politisch-historische Einwände, die sich gegen das Werk richteten. Manchem Lateinamerikaner ging die Entkleidung des Helden einfach zu weit. Daß er buchstäblich nackt dargestellt wurde, verletzte patriotische Gefühle (ebenso wie mancher Kraftaus-

Gabriel García Márquez

druck, der ihm in den Mund gelegt ist). García Márquez hat sich, so erzählt er, von einem Ausspruch des jungen Bolívar leiten lassen: *Ich werde arm und nackt sterben.*[201] Wobei es ihm nicht vordergründig um die Nacktheit ging, sondern um eine Reduktion auf den Menschen, jenseits aller Ehren und Uniformen. *So geschlagen und gebeutelt ist Bolívar immer noch viel größer, als sie ihn uns haben verkaufen wollen.*[202] Seine

Größe besteht auch darin, sich von der Krankheit zum Tode nicht in seinem Ziel beirren zu lassen, auch wenn er in hellsichtigen Augenblicken um die Notwendigkeit seines Scheiterns weiß. *Wie komme ich nur aus diesem Labyrinth*, ist ein verbürgter Ausspruch aus Bolívars letzten Tagen.[203]

Auch über die literarische Qualität des Romans wurde gestritten. Die einen meinten, García Márquez habe sich zu sehr von der Historie einschränken lassen, was seinem Werk die Kraft genommen habe.[204] Andere wiederum sahen in *Der General in seinem Labyrinth* einen (bis hin zur Selbstimitation) typischen García Márquez-Roman, der Autor habe seine Themen, Figuren, Motive und stilistischen Wendungen einfach der Historie übergestülpt.[205]

Eine Verwandtschaft zu seinem bisherigen Werk sieht auch García Márquez, deutet sie aber ganz anders: *«Der General» beweist, daß mein ganzes Werk ... nicht dem magischen Realismus, und allem, was so gesagt wird, zugeordnet ist. Wenn du den Bolívar liest, merkst du, daß alles andere, auf irgendeine Weise, eine dokumentarische, historische und geographische Grundlage hat. Das ist wie noch einmal «Der Oberst hat niemand, der ihm schreibt», aber historisch untermauert.*[206]

Die offizielle Geschichte, das Schulbuchwissen, erwies sich nicht nur als unzureichend, sondern als falsch. García Márquez zog daraus eine weiterreichende Konsequenz. Aus seinen Einnahmen für *Der General in seinem Labyrinth* finanziert er eine Stiftung, die sich zur Aufgabe macht, die Geschichte Kolumbiens neu zu erforschen. Die Ergebnisse sollen der Bevölkerung in übersichtlicher und allgemein verständlicher Form zugänglich gemacht werden.

Ein Autor ist an einer der historischen Quellen seiner persönlichen Obsessionen angelangt.

Jeder Roman führe ihn zu dem nächsten, so García Márquez; nun beschäftige ihn eine Geschichte aus dem Cartagena des 18. Jahrhunderts. Der Weg zurück zu den Ursprüngen lateinamerikanischer Identität ist noch nicht zu Ende gegangen. Diese rücken am Vorabend der Fünfhundert-Jahr-Feier der Entdeckung (und gewalttätigen Eroberung) Amerikas erneut ins Licht: ein Ereignis, das diesseits und jenseits des Ozeans höchst unterschiedliche Emotionen auslöst. «Colonización», «Colonialismo», «Neocolonialismo», diese Begriffe, die die Geschichte des Kontinents umreißen, leiten sich für lateinamerikanische Ohren direkt von «Colón» (Kolumbus) ab. Auf die Fragebogen-Frage, welche geschichtlichen Gestalten er am meisten verachte, antwortete García Márquez schon vor Jahren: General Santander und Christoph Kolumbus.

Anmerkungen

Bei Äußerungen von García Márquez, die in ähnlichem Wortlaut mehrfach belegt sind, habe ich mich bemüht, aus allgemein zugänglichen Werken, möglichst aus solchen, die auf deutsch vorliegen, zu zitieren. Dankbar habe ich die vorhandenen Übersetzungen benutzt, sie nur dann und wann leicht abgewandelt, wenn ein Aspekt, auf den es mir ankam, in der deutschen Übertragung nicht so deutlich wurde. Die nur auf spanisch vorliegenden Zitate sind von mir übersetzt.

1 *Ich fühle dem Buch gegenüber so etwas wie Groll. Es ist mir, als wäre es ins Haus eingedrungen, um alles in Beschlag zu nehmen.* Interview von M. Gilio, «Triunfo», Madrid 1977. In: García Márquez habla de García Márquez. Hg. von Alfonso Rentería Mantilla. Bogotá 1979 (im folgenden mit der Sigle «GhG» bezeichnet), S. 143
2 Mehrfach belegt, u. a. GhG, S. 166
3 Ob 1927 oder 1928 das Geburtsjahr des Autors ist, bleibt umstritten. Der Autor hat zuweilen 1928 genannt. Wenn wir von 1927 ausgehen, so folgen wir Aussagen des Vaters von García Márquez sowie Jacques Gilard, der von dem Taufdatum als Beweis ausgeht. Gilard ist bei seinen Nachforschungen, deren Ergebnisse in den Vorworten zu den von ihm herausgegebenen vier Bänden mit journalistischen Arbeiten des Autors enthalten sind, auch widersprüchlichen Aussagen des Autors nachgegangen und hat sie an Hand anderer Quellen überprüft, weshalb wir in Zweifelsfällen seiner Version den Vorzug geben.
4 Die stets benutzte Bezeichnung «eine alte Familie» ist nicht unbedingt wörtlich zu nehmen, eher wohl als soziale Kennzeichnung zu verstehen. Tatsächlich stammte die Familie Iguarán nicht aus Aracataca selbst.
5 Vgl. Oscar Collazos: Gabriel García Márquez – Sein Leben und sein Werk. Deutsch von Ulli Langenbrinck. München 1989, S. 12. Collazos geht davon aus, daß Luisa Iguarán bereits schwanger war, als die Eltern notgedrungen die Einwilligung zur Heirat gaben. Das könnte ein Grund dafür sein, daß das junge Paar den Heimatort verließ, vielleicht auch die verschiedenen Geburtsdaten erklären.
6 G. G. M.: Der Geruch der Guayave – Gespräche mit Plinio Apuleyo Mendoza. Deutsch von Tom Koenigs. Köln 1983 (im folgenden mit der Sigle «Guay» bezeichnet), S. 18

7 G. G. M.: Hundert Jahre Einsamkeit. Roman. Aus dem Spanischen von Curt Meyer-Clason. Köln 1979 (im folgenden mit der Sigle «100 J» bezeichnet), S. 9
8 Vgl. GhG, S. 106 (Interview von E. Santos Calderón und J. Restrepo, «Alternativa», Bogotá 1975). Der Krieg mit Peru ging 1932 von einem Grenzzwischenfall aus, der nach García Márquez' Ansicht von dem damaligen liberalen Präsidenten Olaya Herrera hochgespielt wurde, um die verschiedenen politischen Strömungen unter seiner Führung zu einen.
9 Mario Vargas Llosa: Historia de un deicidio. Barcelona 1971 (Sigle «VLl Dei»), S. 20
10 G. G. M. / Mario Vargas Llosa: La novela en América Latina – Diálogo. Peru 1968 (Sigle «GM/VLl»), S. 15
11 Guay, S. 21 f.
12 Guay, S. 24
13 Vgl. Jacques Gilard: Gabriel García Márquez – Obra Periodística. Barcelona 1981. 4 Bände (Sigle «Gil»), Bd. I
14 Der Vater hatte sogar erwogen, den Sohn Priester werden zu lassen wegen der kostenlosen Ausbildung.
15 Guay, S. 58
16 Zu der Poesie von «Piedra y Cielo» vgl. Angel Rama: Edificación de un arte nacional y popular. Montevideo 1987; Germán Vargas: Sobre Literatura colombiana. Bogotá 1985
17 Ausgebildet unter der linksliberalen Regierung von Alfonso López und dann in die Provinz abgeschoben.
18 Guay, S. 49
19 Guay, S. 26
20 Ebenda
21 Die Zeitangaben für den Besuch in Aracataca sind widersprüchlich. Zuletzt gab García Márquez an, dieser sei im Februar 1950 erfolgt, und er habe zu diesem Zeitpunkt bereits an dem Projekt «La Casa» gearbeitet. (Vgl. «Diario 16», Madrid, 1. April 1989)
22 GM/VLl, S. 28
23 In: Augen eines blauen Hundes. Frühe Erzählungen. Köln 1982
24 Ebenda
25 Vgl. G. G. M.s Artikel über Castros Schwester, Mi hermano Fidel, Gil IV, S. 612
26 Gil I, S. 9
27 Gil I, S. 77
28 Zitiert nach: Die Giraffe aus Barranquilla – Journalistische Arbeiten 1948–1952. Ausgewählt von Ricardo Bada und José Moral, deutsch von Hildegard Moral. Köln 1984, S. 26
29 GhG, S. 33 (Gespräch mit Armando Durán, «Revista Nacional de Cultura», Caracas 1968)
30 GhG, S. 164 («El Manifiesto», Bogotá, 1977)
31 Gil I, S. 150
32 García Márquez beklagt die kolumbianische Praxis, junge Autoren mit Vorschußlorbeeren zu bedenken. Vgl. GM/VLl, S. 34 f.

33 Von Virginia Woolf entliehen; evtl. auch eine politische Anspielung: J. Eliécer Gaitán wurde in der Straße Séptima Carrera erschossen
34 Gil I, S. 150
35 Die Giraffe, a. a. O., S. 32
36 In 100 J ist Vinyes als «der weise Katalane» verewigt
37 GhG, S. 152 (Intelectuales interrogan a GGM, «Hombre de Mundo», México 1977)
38 Guay, S. 52
39 100 J, S. 445
40 Vgl. Gil I, S. 23
41 In: Augen eines blauen Hundes, a. a. O., S. 78
42 GM/VLl, S. 53
43 A. Rama, a. a. O., S. 30 ff.
44 Vgl. Jaime Mejía Duque: Mito y realidad en G. M. In: J. M. D.: Nueve ensayos literarios. Bogotá 1986, S. 28 f.
45 GM/VLl, S. 53
46 Das literarische Gespür von «Crónica» wird auch daraus ersichtlich, daß hier bis dahin fast oder ganz unbekannte Autoren wie Julio Cortázar, Felisberto Hernández oder Salvador Garmendia veröffentlicht wurden.
47 Guay, S. 52
48 Guay, S. 65
49 Vgl. Faulkners Prolog zu «Moskitos»; vgl. auch GhG, S. 162 («Manifiesto», Bogotá 1977)
50 Zu den Parallelen zur antiken Tragödie vgl. Pedro Lastra: La tragedia como fundamento estructural de la Hojarasca. In: Recopilación de textos sobre G. G. M. La Habana 1969, S. 83 ff. Zu Faulkner vgl. Jaime Mejía Duque, a. a. O., S. 27 ff.
51 Am Anfang seines Schreibens stand, wie erwähnt, ja auch der Wunsch, die gesamte Vorgeschichte der zwei weinenden Frauen in Aracataca aufzuschreiben.
52 Ernesto Volkening: G. G. M. oder die entzauberten Tropen. In: Mythos und Wirklichkeit – Materialien zum Werk von G. G. M. Hg. von Tom Koenigs. Köln 1985 (Sigle «MuW»), S. 87 f.
53 G. G. M.: Der Laubsturm. Roman. Deutsch von Curt Meyer-Clason. München 1979, S. 103
54 Als Buchveröffentlichung später unter dem Titel «Isabel viendo llover en Macondo»
55 Vgl. La Marquesita de la Sierpe, in: G. G. M.: Der Beobachter aus Bogotá. Journalistische Arbeiten 1954–55. Ausgewählt von Ricardo Bada und José Moral, deutsch von Hildegard Moral. Köln 1985, S. 25 ff.
56 GhG, S. 164 («El Manifiesto», Bogotá 1977)
57 Guay, S. 57
58 In: Der Beobachter aus Bogotá, a. a. O., S. 60
59 Ebenda, S. 116 ff.
60 GhG, S. 26 (Gespräch mit Daniel Samper Pizano, «El Tiempo», Bogotá 1969)
61 Der Beobachter, a. a. O., S. 138

62 Ebenda, S. 139
63 G. G. M.: Bericht eines Schiffbrüchigen. Aus dem Spanischen von Christiane und Curt Meyer-Clason. Köln 1982
64 Die junge Italienerin Wilma Montesi war ermordet worden; ein Fall, in den Prominente aus der Politik und Rauschgifthändler verwickelt waren. Vgl. Gil IV
65 Über diese Reise berichtete er in der späteren Reportage «90 Tage hinter dem Eisernen Vorhang».
66 Plinio Apuleyo Mendoza in GhG, S. 91
67 Der Geheimnisverrat betraf Informationen über Indochina aus dem Komitee für Nationale Verteidigung in den Jahren 1953 u. 1954. Gil IV, S. 305 ff.
68 «Ein Tag nach dem Samstag» gewann im Juli 1954 einen Erzählwettbewerb in Kolumbien.
69 Guay, S. 77
70 Guay, S. 78 f.
71 GhG, S. 164
72 Vgl. García Márquez' Vorwort zu Norberto Fuentes: Hemingway en Cuba. Havanna 1984. Vgl. auch Guay, S. 58
73 Guay, S. 40
74 Vgl. Guay, S. 107 ff.; VLl Dei, S. 309
75 In: MuW, S. 105 f.
76 Ebenda, S. 106 ff.
77 Ebenda
78 G. G. M.: Der Oberst hat niemand, der ihm schreibt. Roman. Aus dem Spanischen übersetzt und mit einem Nachwort von Curt Meyer-Clason. Köln 1976, S. 116
79 G. G. M.: Die Poesie in Reichweite der Kinder. In: MuW, S. 294
80 G. G. M.: Zwischen Karibik und Moskau. Journalistische Arbeiten 1955–1959. Hg. von Ricardo Bada, deutsch von Hildegard Moral. Köln 1986, S. 94
81 Ebenda, S. 100
82 Ebenda, S. 103
83 Prag ist die einzige europäische Stadt, für deren historisch gewachsene Schönheit sich der Autor begeistert. Zudem beeindruckt ihn die Identifikation der Tschechoslowaken mit ihrem Land.
84 Die Chronologie der Reportage entspricht nicht ganz der von García Márquez' Reisen; vgl. Gil IV, S. 41
85 Vgl. G. G. M.: Meine erste Reise nach Havanna. In: Waleri Semskow: Gabriel García Márquez. Berlin 1990, S. 237 ff.
86 Zitiert nach VLl Dei, S. 62
87 G. G. M.: Die kolumbianische Literatur, ein Betrug an der Nation. In: MuW, S. 95 ff.
88 Ebenda
89 GhG, S. 50 (Gespräch mit Ernesto González Bermejo, «Triunfo», Madrid 1971)
90 Guay, S. 81
91 In: «Novedades», Mexiko, 9. Juli 1961

92 In: G. G. M.: Die letzte Reise des Gespensterschiffs. Erzählungen. Aus dem Spanischen von Curt Meyer-Clason. Berlin und Weimar 1978
93 Vgl. GhG, S. 24 (Gespräch mit Daniel Samper Pizano, «El Tiempo», Bogotá 1968)
94 Ebenda, S. 25
95 Emir Rodríguez Monegal – Zitiert nach VLl Dei, S. 76
96 GhG, S. 46 (Gespräch mit Miguel Torres, «Revista de Cine Cubano», La Habana 1969)
97 G. G. M.: Kurze Erinnerung an Juan Rulfo. In: «du», Nr. 9, Zürich, September 1988, S. 20
98 Vgl. GhG, S. 30 (Gespräch mit Armando Durán, «Revista Nac. de Cultura», Caracas 1968)
99 Guay, S. 97
100 Ebenda
101 Ebenda, S. 82
102 Carlos Fuentes: Macondo – Sitz der Zeit. In: «du», Nr. 9/1988, S. 25
103 GhG, S. 32; GhG, S. 215
104 100 J, S. 9
105 Ebenda, S. 13
106 Ebenda, S. 126
107 Ebenda
108 Vgl. Mechthild Strausfeld: Hundert Jahre Einsamkeit – ein Modell des neuen lateinamerikanischen Romans. In: Materialien zur lateinamerikanischen Literatur. Hg. von M. Strausfeld. Frankfurt a. M. 1976, S. 233 ff. Die Autorin arbeitet die Korrespondenzen zwischen den «mythischen» Teilen I und IV sowie den «historischen» Teilen II und III heraus.
109 100 J, S. 453
110 100 J, S. 477
111 GM/VLl, S. 21
112 VLl Dei, S. 81
113 Bei seinem ersten Europa-Aufenthalt hatte García Márquez sich wegen der Franco-Diktatur einen Spanien-Besuch versagt.
114 GM/VLl, S. 29
115 Vgl. GhG, S. 68 (Interview von Juan Gossaín, «El Espectador», Bogotá 1971)
116 Vgl. GhG, S. 135 (Interview aus «Triunfo», Madrid 1976). García Márquez erzählt, er habe, überrascht von Übereinstimmungen zwischen Carpentiers «El siglo de las luces» und «100 J», an dem er gerade schrieb, Änderungen am eigenen Roman vorgenommen.
117 Alejo Carpentier: Die wunderbare Wirklichkeit Lateinamerikas. Zitiert nach: MuW, S. 328
118 Vgl. GM/VLl, S. 31
119 Juan Luís Cebrián: Retrato de G. G. M. Barcelona 1989, S. 78
120 J. Donoso: Meine persönliche Geschichte des «Boom». In: MuW, S. 237 f.
121 Ebenda
122 Auf eine erste Unterschriftenliste hatten Freunde seinen Namen gesetzt, in der Annahme, seinen Vorstellungen zu entsprechen.

123 Vgl. Dieter E. Zimmer: Die lange und lehrreiche Geschichte von dem Streit zwischen zwei Herren aus Südamerika, die beide verdächtigt wurden, Lakaien finsterer Mächte zu sein. In: «Die Zeit», Hamburg, 17. Oktober 1986
124 Seit seiner Arbeit für Prensa Latina in New York steht García Márquez auf der ‹Schwarzen Liste› der amerikanischen Einwanderungsbehörde und erhält kein normales Visum, sondern nur das zeitlich begrenzte «waiver».
125 Eligio García Márquez: Von der Unerträglichkeit des Ruhms. In: «du», Nr. 9/1988, S. 93
126 Ebenda, S. 29
127 GhG, S. 154 (Intelectuales interrogan a G. G. M.)
128 Ebenda
129 Erst 1983 von dem Regisseur Ruy Guerra realisiert.
130 GhG, S. 48 (Gespräch mit Miguel Torres)
131 GhG, S. 67 (Interview von Juan Gossaín, «El Espectador», Bogotá 1971)
132 Vgl. Plinio Apuleyo Mendoza in: GhG, S. 82
133 GhG, S. 57 (Gespräch mit E. González Bermejo)
134 Guay, S. 111
135 Vgl. Julio Ramón Ribeyro: Ein paar Randbemerkungen zum Herbst des Patriarchen. In: MuW, S. 161 ff. García Márquez zu dieser Art von Kritik: *Ich glaube nicht, daß man die Ankunft des Sozialismus damit beschleunigt, indem man mit der aufgesetzten Intention schreibt, von der Unerwünschbarkeit der Diktatoren zu überzeugen. Das setzt der Freiheit der Schöpfung Grenzen, und alles, was die Freiheit der Schöpfung eingrenzt, ist reaktionär. Ich meine, gut zu schreiben ist die revolutionäre Pflicht eines Schriftstellers.* (GhG, S. 144)
136 Carlos Fuentes: Macondo – Sitz der Zeit. In: «du», Nr. 9/1988, S. 25
137 Vgl. GhG, S. 59 (Interview mit E. González Bermejo)
138 100 J, S. 477
139 Zum Mythologem der Einsamkeit bei García Márquez vgl. Carlos Rincón: G. G. M. – Mythologe und Wundertäter. In: MuW, S. 249 ff.
140 G. G. M.: Der Herbst des Patriarchen. Roman. Aus dem Spanischen von Curt Meyer-Clason. Köln 1978, S. 335
141 Vgl. u. a. GhG, S. 170
142 GhG, S. 61 (Interview E. González Bermejo)
143 Den Preis «Books abroad» von 10 000 Dollar z. B. spendete er ganz für die politischen Gefangenen in Kolumbien.
144 GhG, S. 98 («Seuil», Brüssel 1975)
145 Ebenda, S. 100
146 Vgl. Anm. 127. Mehrfach belegt
147 Vgl. GhG, S. 188 («New York Times», 1978)
148 Zum Problem der politischen Linie vgl. «Alternativa» 7, Bogotá, 13. Mai 1974, S. 10: *...meine schlimmsten Gewissenskonflikte erwachsen ... aus meinem etwas illusorischen Wunsch, eine konsequente und klare linke Position beizubehalten ... etwa bei der Leichtigkeit, mit der Fidel Castro einen Schriftsteller beschuldigt, CIA-Agent zu sein, von dem er selbst weiß, daß er es nicht ist ...* (Übernahme aus «Il Manifesto», Mailand)

149 Vgl. ebenda: *Mir verschlägt es den Humor, wenn ich mich an die italienischen Mannequins in olivgrünen Uniformen an den Bars der Via Veneto erinnere, an die parfümierten Bärte der Lamborghini-Castristen; unsere Mythen als Konsumartikel: Bücher über Allende, in einer Nacht zusammengeschustert, die Posters mit Che Guevara als erotischem Symbol ...*
150 GhG, S. 155 f. (Fragebogen nach Prousts Modell, in: «Hombre Mundo», Mexiko 1977)
151 García Márquez besichtigt die kubanischen Gefängnisse und kann mit den Gefangenen sprechen, deren Freilassung er als überfällig empfindet. Indizien für Greueltaten findet er nicht, schränkt aber ein: *Ich bin nicht so naiv zu versichern, es gäbe keine Folter, nur weil ich sie nicht gesehen habe.* GhG, S. 149 (Gespräch mit Vicente Romero, «Pueblo», Madrid 1977)
152 Vgl. GhG, S. 93 ff. (G. G. M. evoca a Pablo Neruda, aus: «Cromos», Bogotá 1973)
153 G. G. M.: Die Einsamkeit Lateinamerikas. In: «du», Nr. 9/1988, S. 99
154 Ebenda
155 G. G. M.: El cuento del cuento. In: «El País», Madrid, September 1981
156 *Der geniale Kriminalroman ist der «König Ödipus», denn dort entdeckt der Detektiv, daß er selbst der Mörder ist.* GhG, S. 209 (Gespräch mit Manuel Pereiro, «Bohemia», La Habana 1979)
157 García Márquez führte Gespräche mit Zeitzeugen und versuchte vergeblich, die Gerichtsprotokolle des Falls zu bekommen.
158 Rossana Rossanda: Das Thema ist die Verantwortung, und das ist ein Thema der siebziger Jahre. In: «Il Manifesto», Mailand, 11. Juli 1982, S. 7. Zitiert nach: MuW, S. 227
159 G. G. M.: Das Thema ist das Schicksal, aber es ist keine Metapher für das Heute. In: «Il Manifesto», Mailand, 11. Juli 1982, S. 7. Zitiert nach: MuW, S. 231 ff.
160 Ebenda
161 García Márquez ist oft befragt worden zu dem Verhältnis zwischen seinem ‹fatalistischen› literarischen Werk und seiner auf politische Veränderung gerichteten journalistischen Arbeit. Einen gewissen Widerspruch sieht er selbst: *In Lateinamerika sind wir alle gespaltene Menschen. Ich könnte Ihnen antworten, daß der Schriftsteller sich mit den Problemen beschäftigt, während es dem Journalisten um Lösungen geht, beide jedoch arbeiten mit derselben Realität. Das wäre aber nicht ganz ehrlich, der Widerspruch löst sich nicht auf. Ich antworte lieber, daß ich in beiden Fällen aufrichtig bin.* (Aus: «Le Point», Paris, 16. November 1981. Interview von J. F. Fogel)
162 MuW, S. 234
163 Ebenda
164 Ebenda
165 «Interviú», Kolumbien 1981
166 Interview von J. F. Fogel, a. a. O.
167 Gabriel García Márquez: Chronik eines angekündigten Todes. Roman. Aus dem Spanischen von Curt Meyer-Clason. Köln 1981, S. 80
168 Vgl. J. Gilard: Un immense discours sur la mort. In: «Magazine littéraire», Nr. 178, 11/1981

169 El cuento del cuento, a. a. O.
170 Der Titel ist auch eine Anspielung auf das Werk von Jorge Luis Borges. García Márquez' Verhältnis zu Borges ist von Kritik und Bewunderung geprägt. Er meint, das Werk des argentinischen Autors setze sich gegen dessen reaktionäre Ansichten durch. Vgl. GM/VLl, S. 40 ff.
171 García Márquez stieg mit diesem Roman auf einen Computer um. Zuvor hatte er jede Seite, auf der er einen Fehler entdeckte, neu geschrieben. Die Zeitersparnis sei enorm.
172 Vgl. Oscar Valenzuela: Ein Schwarzes Schaf für Gabo. In: «du», Nr. 9/1988, S. 64
173 G. G. M.: Die Liebe in den Zeiten der Cholera. Roman. Aus dem kolumbianischen Spanisch von Dagmar Ploetz. Köln 1986, S. 11
174 Interview von Francisco Arroyo, «El País», Madrid, 12. Dezember 1985: *Mein vordringlichstes Interesse ist, gleich am Anfang den Leser zu packen und ihn bis zum Ende nicht loszulassen.*
175 A. a.O., S. 70
176 Ebenda, S. 80
177 Interview «El País», Madrid, 12. Dezember 1985
178 Vgl. Walter Boehlich, Soiree Neue Bücher, Südwestfunk, 21. Februar 1987: «Behutsamer dürfte kaum je irgendwo geschildert worden sein, wie zwei aneinander lernen, sich hinzugeben und schließlich anlangen bei Delirium und Tollheit.»
179 Guay, S. 26
180 A. a. O., S. 509
181 «El País», Madrid, 12. Dezember 1985
182 Plinio Apuleyo Mendoza beschreibt beispielsweise die an Fermina erinnernde Art und Weise, mit der sich Mercedes Barcha in der feinen Gesellschaft bewegt.
183 Cholera, a. a. O., S. 280
184 Die deutsche Kritik war einhelliger euphorisch als die in spanischer Sprache.
185 Vgl. Marco Meier: Eine Reise nach Havanna. In: «du», Nr. 9/1988, S. 32
186 Ebenda, S. 40
187 In: Waleri Semskow: Gabriel García Márquez, a. a.O., S. 255
188 Eligio García Márquez, Bruder des Autors, hat die Dreharbeiten begleitet und ein Buch, «La tercera muerte de Santiago Nasar», darüber veröffentlicht.
189 G. G. M.: Das Abenteuer des Miguel Littín – Illegal in Chile. Aus dem Spanischen von Ulli Langenbrinck. Köln 1987
190 Littín stellte aus dem in Chile aufgenommenen Filmmaterial eine Fernsehdokumentation und einen Kinofilm zusammen: «Acta general de Chile»
191 G. G. M.: Diatriba de amor contra un hombre sentado. Barcelona 1988
192 Ebenda, S. 24
193 Vgl. GhG, S. 68 (Interview von Juan Gossaín)
194 Vgl. GhG, S. 216 (Interview von Josep Sarrat, «El viejo Topo», Barcelona 1979)

195 G. G. M.: Der General in seinem Labyrinth. Roman. Aus dem kolumbianischen Spanisch von Dagmar Ploetz. Köln 1989, S. 345
196 Ebenda, S. 346
197 Ebenda
198 Mehrfach im Roman belegt
199 Jens Jessen: Bolívar und Fidel Castro. In: «Frankfurter Allgemeine Zeitung», 10. März 1990
200 «Semana», Bogotá, 14. März 1989
201 Ebenda
202 General, a. a. O., S. 344
203 Vgl. z. B. Antonio Caballero: Un libro escrito con una sola mano. In: «Semana», a. a. O., S. 34
204 Vgl. z. B. M. García-Posada in: «ABC literario», Madrid, 18. März 1989
205 «Semana», a. a. O.
206 Ebenda

Zeittafel

1927	Gabriel José García Márquez wird am 6. März in Aracataca, Kolumbien, geboren. Lebt bis zum Alter von acht Jahren bei den Großeltern
1928	Der Streik der Arbeiter auf den Bananenplantagen der United Fruit Co. wird vom Heer niedergeschlagen
1930	17. Juli: Gabriel wird von Pfarrer F. Angarita getauft (einziges Dokument, das halbwegs zuverlässig über das Geburtsdatum des Autors Auskunft gibt).
	Nach 35 Jahren konservativer Regierung wird zum erstenmal ein großer Liberaler, E. Olaya Herrera, gewählt
1934	Wahl des (Links-)Liberalen A. López Pumarejo
1935	García Márquez zieht nach dem Tod des Großvaters zu seinen Eltern nach Barranquilla und besucht die Primarschule Simón Bolívar
1940	Besuch der Sekundarstufe des Jesuitenkollegs San José. Die Familie zieht nach Sucre, wo der Vater eine Apotheke eröffnet
1942	García Márquez kehrt allein nach Barranquilla an das Kolleg zurück. Texte in der Schulzeitung «Juventud»
1943	Stipendium für das Internat Colegio Nacional de Zipaquirá, in der Nähe von Bogotá
1945	An der Schule gründet García Márquez die Zeitschrift «Literatura»
1946	Abitur im Dezember
1947	Beginn des Jurastudiums an der Universidad Nacional in Bogotá. García Márquez lernt Plinio Apuleyo Mendoza und Camilo Torres kennen. September: Erste Erzählung *Die dritte Entsagung* in der Literaturbeilage von «El Espectador». Oktober: *Eva ist in ihrer Katze*, ebenda
1948	Januar: *Tubal-Caín forja una estrella* (*Tubal-Caín schmiedet einen Stern* – liegt nicht deutsch vor). 9. April: Ermordung des liberalen Präsidentschaftskandidaten Jorge Eliécer Gaitán und Volksaufstand «bogotazo». Im Mai verläßt García Márquez Bogotá, zieht nach Cartagena, wo er sein Studium wieder aufnimmt und als Kolumnist für die Zeitung «El Universal» arbeitet. Im Juli veröf-

	fentlicht «El Espectador» die Erzählung *Die andere Rippe des Todes*
1949	In «El Espectador» erscheinen die Erzählungen *Zwiesprache des Spiegels* (Januar) und *Bitterkeit für drei Schlafwandler* (November)
1950	García Márquez zieht nach Barranquilla und übernimmt die Kolumne *La Jirafa* bei der Zeitung «El Heraldo». April: Die Gruppe von Barranquilla gründet die Wochenzeitschrift «Crónica», García Márquez ist leitender Redakteur. Veröffentlichung von fünf Erzählungen. Arbeit an *Laubsturm*
1951	Rückkehr nach Cartagena. Bis Juli arbeitet García Márquez von dort aus weiter für «El Heraldo». September: Er gründet «Comprimido», von der nur ein paar Nummern erscheinen
1952	Rückkehr nach Barranquilla. García Márquez schreibt wieder *Jirafas*. *Laubsturm* wird vom Verlag Losada, Buenos Aires, abgelehnt
1953	Als Vertreter für Bücher bereist García Márquez die Atlantikküste. Oktober: Zusammen mit seinem Freund Alvaro Cepeda Samudio Leitung der Zeitung «El Nacional»
1954	Februar: García Márquez wird Redakteur bei «El Espectador» in Bogotá. Er schreibt Filmkritiken und Reportagen und gilt bald als Starreporter der Zeitung. Die Erzählung *Ein Tag nach dem Samstag* gewinnt einen Literaturwettbewerb
1955	Die Reportage über den schiffbrüchigen Matrosen Velasco löst einen nationalen Skandal aus. Im Mai erscheint *Laubsturm* in Bogotá. Juli: García Márquez reist als Korrespondent nach Genf zur Konferenz der vier Großmächte. August: Übersiedlung nach Rom. September: Bericht von den Filmfestspielen in Venedig. Dezember: Umzug nach Rom, wo er Plinio Apuleyo Mendoza wiedertrifft
1956	García Márquez ohne Einkommen, da die Militärregierung «El Espectador» geschlossen hat. Er schreibt an *Die böse Stunde* und *Der Oberst hat niemand, der ihm schreibt*
1957	Der General Rojas Pinilla in Kolumbien wird gestürzt. García Márquez reist im Mai mit Plinio Apuleyo Mendoza nach Ostdeutschland; anschließend zum Festival der Jugend nach Moskau. García Márquez schreibt in Paris die Reportage *Neunzig Tage hinter dem Eisernen Vorhang*. November: García Márquez zieht nach London. Dezember: Übersiedlung nach Caracas. Dort Redakteur der Zeitschrift «Momento»
1958	Sturz des venezolanischen Diktators Pérez Jiménez. März: García Márquez heiratet Mercedes Barcha. Im Mai verläßt er nach einem politischen Krach «Momento» und arbeitet in der Folge für Boulevardblätter. García Márquez schreibt an Erzählungen und an dem Roman *Die böse Stunde*. *Der Oberst hat niemand, der ihm schreibt* erscheint in der Literaturzeitschrift «Mito»
1959	Im Januar Sieg der kubanischen Revolution. Im Mai gründen García Márquez und Plinio Apuleyo Mendoza in Bogotá ein Büro

	der kubanischen Presseagentur Prensa Latina. Neuauflage von *Laubsturm* anläßlich des Buchfestivals. Geburt des Sohnes Rodrigo García Barcha. García Márquez schreibt die Erzählung *Das Leichenbegängnis der Großen Mama*
1960	García Márquez arbeitet einige Monate in Havanna. Er übernimmt zusammen mit Plinio Apuleyo Mendoza das New Yorker Büro von Prensa Latina
1961	Die Schweinebucht-Invasion in Kuba scheitert. García Márquez kündigt bei Prensa Latina und fährt von New York über die Südstaaten nach Mexiko, wo er zunächst für eine Frauenzeitschrift und eine Werbeagentur arbeitet, dann Drehbücher schreibt. *Die böse Stunde* gewinnt den Literaturwettbewerb der ESSO
1962	Geburt des Sohnes Gonzalo. *Die böse Stunde* erscheint in Spanien in einer «bereinigten» (nicht autorisierten) Fassung
1965	Beginn der Arbeit an *Hundert Jahre Einsamkeit*
1967	Im April erscheint in Buenos Aires *Hundert Jahre Einsamkeit*, sofortiger Erfolg. García Márquez reist nach Venezuela, Kolumbien, Peru und Argentinien
1968	Übersiedlung nach Barcelona. Arbeit an *Der Herbst des Patriarchen*
1970	Lange Reise durch den karibischen Raum
1971	Affäre Padilla in Kuba
1972	Erzählungsband *La increible y triste historia de la cándida Eréndira y su abuela desalmada* (auf deutsch im Band *Das Leichenbegängnis der Großen Mama*). García Márquez erhält in Caracas den Rómulo-Gallego-Preis und spendet das Geld der venezolanischen Linkspartei MAS
1973	Militärputsch in Chile. García Márquez engagiert sich publizistisch gegen Pinochet
1974	García Márquez siedelt nach Mexiko über. Gründung der Zeitschrift «Alternativa» in Kolumbien
1975	*Der Herbst des Patriarchen* erscheint. García Márquez tritt in den literarischen «Streik», bis Pinochet gestürzt ist. Politische Reportagen. Geschworener beim Russell-Tribunal
1977	Arbeit an einem Buch über Kuba unter der Blockade
1978	García Márquez gründet die Stiftung «Habeas» zur Verteidigung der Menschenrechte und der politischen Gefangenen
1979	Humanitäre Missionen
1980	García Márquez schreibt wöchentlich für «El Espectador» (die Beiträge werden von anderen spanischsprachigen Zeitungen übernommen)
1981	García Márquez verläßt Kolumbien, weil er sich von den Militärs bedroht fühlt. Im April erscheint *Chronik eines angekündigten Todes* mit einer Startauflage von über zwei Millionen Exemplaren. François Mitterrand nimmt García Márquez in die Légion d'honneur auf
1982	García Márquez schreibt über den Krieg um die Falkland-Inseln.

	Nobelpreis für Literatur. Mitglied der Jury beim Filmfestival in Cannes
1984	García Márquez schreibt in Cartagena an *Die Liebe in den Zeiten der Cholera*
1985	*Das Abenteuer de Miguel Littín – Illegal in Chile* erscheint. Verfilmung der *Chronik eines angekündigten Todes* durch Francesco Rosi. November: *Die Liebe in den Zeiten der Cholera* erscheint
1986	García Márquez unterstützt persönlich und finanziell den Aufbau der Hochschule für Film- und Fernsehen in Kuba
1988	Uraufführung von *Liebestirade gegen einen sitzenden Mann* in Buenos Aires
1989	*Der General in seinem Labyrinth* erscheint
1990	Sechs Fernsehfilme unter dem gemeinsamen Titel *Amores difíciles* nach Drehbüchern von García Márquez
1991	García Márquez redigiert die neue kolumbianische Verfassung
1992	García Márquez übernimmt die Leitung einer Nachrichtensendung für das kolumbianische Fernsehen

Zeugnisse

Heinrich Böll
Ich halte ihn für eine einmalige Erscheinung ... weil bei ihm das, was wir Engagement nennen, mit dem, was wir Poesie nennen, vollkommen übereinstimmt. Diese sehr spezifisch bourgeoise Trennung zwischen engagierter und sogenannter reiner Literatur, die ich für eine Schizophrenie halte, ist bei ihm vollkommen aufgehoben.
Interview von Ricardo Bada, 16. November 1982

François Mitterrand
Sie gehören zu der Welt, die ich liebe ...
Zu García Márquez bei dessen Aufnahme in die Ehrenlegion, 1981

Pablo Neruda
...der Vulkan
spie Träume, die wälzten sich
die Hänge hinab in Kolumbien
und Tausendundeine Nacht kamen
aus seinem magischen Schlund
die gewaltigste Eruption meiner Zeit.

Octavio Paz
Die Prosa des kolumbianischen Schriftstellers ist ein Kompromiß zwischen Journalismus und Phantasie. Verwässerte Poesie.
Octavio Paz – Julián Ríos: Solo a dos voces, 1972

Die Verleihung des Nobelpreises an García Márquez hat mir große Freude bereitet. Er ist einer der lateinamerikanischen Schriftsteller, die den Preis verdient haben.
Anläßlich der Verleihung des Nobelpreises, 1982

Curt Meyer-Clason
GGMs Erfolg, von weiten Schichten seines Kontinents gelesen zu werden, verdankt sich seiner Doppelnatur: GGM schreibt leichtverständliche Weltliteratur.

«du», September 1988

Walter Boehlich
...das ist der Moment, in dem wir die Träume mitträumen und unsere Tausendundeine Nacht kommt, in der wir Wirkliches und Unwirkliches, Glaubhaftes und Unglaubhaftes, Geschichte und Phantasie nicht mehr zu unterscheiden vermögen, sie nicht länger unterscheiden wollen, sondern nach immer neuen wilden Mären verlangen.

«du», September 1988

Für Gabriel García Márquez. Du bist Aracataca, die Wiege der Kultur, wo man dem Genius huldigte, dem König der Literatur; heute schläft er unter Lorbeeren der Größe und des Ruhms, während die Geschichte umgeschrieben wird, während ihm Hochrufe zuteil werden und Ehrenbezeigungen und der Strahlenkranz des Königs der Schriftsteller..

Graffiti in Arataca

Dieter E. Zimmer
So undurchschaubar, rätselvoll, unsicher und gefährlich die geschilderte Welt ist: der Autor wenigstens tappt in ihr nicht umher. Dabei zusehen zu können, scheint mir immer einer der Gründe des Vergnügens auch an tragischen Gegenständen zu sein – das ästhetische Vergnügen also.
«Die Zeit», 10. Oktober 1975

Reinhard Baumgart
In unserer Welt, heimgesucht von Safer Sex, von Hysterie und Hygiene, leuchtet dieser Roman nun wie eine schöne Bescherung und zugleich wie fauler Zauber.
Über Die Liebe in den Zeiten der Cholera *in: «Die Zeit», 1. Mai 1987*

Wolfram Schütte
Jedes Buch [von García Márquez] war auf seine Weise das herausragende Meisterwerk eines spezifischen literarischen Sujets.
«Frankfurter Rundschau», 17. Januar 1987

Olof Palme
Im Werk von García Márquez findet eine Begegnung zwischen einer zutiefst schöpferischen Phantasie und der blutigen Geschichte eines ganzen Kontinents statt sowie dem unbezähmbaren Wunsch seiner Völker nach Freiheit und menschlicher Würde.
Anläßlich der Verleihung des Nobelpreises, 1982

Bibliographie

1. Bibliographische Hilfsmittel

Fau, Margaret Estella: Gabriel García Márquez. An annotated Bibliography. 1947–1979. Westport / London 1980

Fau, Margaret Estella / Nelly Sfeir de Gonzalez: Bibliographic Guide to Gabriel García Márquez. 1979–1985. New York / Westport / London 1986

2. Werke von Gabriel García Márquez

2.1 Gesammelte Werke

La maravillosa obra de Gabriel García Márquez con cassette de viva voz. Oveja Negra, Bogotá 1983 (13 Bände und eine Kassette)
Todos los cuentos de García Márquez. Plaza & Janes, Barcelona 1975

2.2 Buch-Erstausgaben

La hojarasca. Novela. Ediciones S.L.B., Bogotá 1955
El coronel no tiene quien le escriba. Novela. Aguirre Editor, Medellín 1961
Los funerales de la Mamá Grande. Universidad Veracruzana, Xalapa (México) 1962
La mala hora. Novela. Madrid 1962 (unautorisiert); Ediciones Era, México 1962 (autorisiert)
Cien años de soledad. Novela. Sudamericana, Buenos Aires 1967
Relato de un náufrago. Plaza & Janes, Barcelona 1970
La increíble y triste historia de la cándida Eréndira y su abuela desalmada. Sudamericana, Buenos Aires 1972
Chile, el golpe y los gringos. Ed. Latina, Bogotá 1974
Ojos de perro azul. Sudamericana, Buenos Aires 1974
El otoño del patriarca. Novela. Plaza & Janes, Barcelona 1975
Operación Carlota. Mosca azul, Lima 1977
Periodismo Militante. Son de Máquina Editores, Bogotá 1978
Crónica de una muerte anunciada. Novela. Oveja negra, Bogotá 1981

Obra periodística. 4 Bände, hg. von JACQUES GILARD. Bruguera, Barcelona 1981–83

El asalto. Nueva Nicaragua, Managua 1982 (zuvor als Filmszenario unter dem Titel «Viva Sandino»)

El secuestro – Guión Cinematográfico. Oveja Negra, Bogotá 1982

El rastro de tu sangre en la nieve. El verano feliz de la Señora Forbes. W. Dampier Ed., Bogotá 1982

El amor en los tiempos del cólera. Novela. Oveja Negra, Bogotá 1985

Diatriba de amor contra un hombre sentado. Monólogo en un acto. Ediciones Originales, Barcelona 1988

El General en su laberinto. Novela. Oveja Negra, Bogotá 1989

2.3 García Márquez auf deutsch

Hundert Jahre Einsamkeit. Roman. Aus dem Span. von CURT MEYER-CLASON. Kiepenheuer & Witsch, Köln 1970

Das Leichenbegängnis der Großen Mama und andere Erzählungen. Aus dem Span. von CURT MEYER-CLASON. K&W, Köln 1970

Laubsturm. Roman. Aus dem Span. von CURT MEYER-CLASON. K&W, Köln 1975

Der Oberst hat niemand, der ihm schreibt. Roman. Übersetzt und mit einem Nachwort von CURT MEYER-CLASON. K&W, Köln 1976

Der Herbst des Patriarchen. Roman. Aus dem Span. von CURT MEYER-CLASON. K&W, Köln 1978

Die böse Stunde. Roman. Aus dem Span. von CHRISTIANE und CURT MEYER-CLASON. K&W, Köln 1979

Chronik eines angekündigten Todes. Roman. Aus dem Span. von CURT MEYER-CLASON. K&W, Köln 1981

Augen eines blauen Hundes. Frühe Erzählungen. Übersetzt und mit einem Nachwort von CURT MEYER-CLASON. K&W (KiWi 26), Köln 1982 (zunächst 1980 unter dem Titel «Die Nacht der Rohrdommeln»)

Bericht eines Schiffbrüchigen. Aus dem Span. von CHRISTIANE und CURT MEYER-CLASON. K&W (KiWi 13), Köln 1982

Die unglaubliche und traurige Geschichte von der einfältigen Eréndira und ihrer herzlosen Großmutter. Deutsch von CURT MEYER-CLASON. K&W (KiWi 102), Köln 1986

Die Geiselnahme. Deutscher Taschenbuch Verlag (dtv 10295), München 1986

Die Liebe in den Zeiten der Cholera. Roman. Aus dem kolumb. Span. von DAGMAR PLOETZ. K&W, Köln 1986

Das Abenteuer des Miguel Littín – Illegal in Chile. Aus dem Span. von ULLI LANGENBRINCK. K&W, Köln 1987

Der General in seinem Labyrinth. Roman. Aus dem kolumb. Span. von DAGMAR PLOETZ. K&W, Köln 1989

Als Auswahl aus der vierbändigen, von Jacques Gilard zusammengestellten Ausgabe des journalistischen Werks erschienen:

Die Giraffe aus Barranquilla – Journalistische Arbeiten 1948–1952. Ausgewählt von RICARDO BADA und JOSÉ MORAL. Deutsch von HILDEGARD MORAL. K&W (KiWi 45), Köln 1984
Der Beobachter aus Bogotá – Journalistische Arbeiten 1954–1955. Ausgewählt von RICARDO BADA und JOSÉ MORAL. Deutsch von HILDEGARD MORAL. K&W (KiWi 71), Köln 1985
Zwischen Karibik und Moskau – Journalistische Arbeiten 1955–1959. Hg. von RICARDO BADA. Deutsch von HILDEGARD MORAL. K&W (KiWi 107), Köln 1986

2.4 García Márquez im Gespräch

Gabriel García Márquez / MARIO VARGAS LLOSA: La novela en América Latina – Diálogo. C. Milla Batres Ediciones / Univ. Nacional de Ingeniería, Perú 1968
FERNANDEZ-BRASO, MIGUEL: Gabriel García Márquez. Una conversación infinita. Editorial Azur, Madrid 1969
García Márquez habla de García Márquez. Hg. von ALFONSO RENTERIA MANTILLA. Renteria Editores, Bogotá 1979
Gabriel García Márquez: Der Geruch der Guayave. Gespräche mit PLINIO APULEYO MENDOZA. Deutsch von TOM KOENIGS. K&W, Köln 1983

2.5 Filmarbeiten

Tiempo de morir. Regie: ARTURO RIPSTEIN. Drehbuch: G. G. M. Mexiko 1965/66
El gallo de oro. Regie: RICARDO GABALDÓN. Drehbuch: G. G. M. und CARLOS FUENTES (nach einer Erzählung von JUAN RULFO). Mexiko 1966
La viuda Montiel. Regie: MIGUEL LITTÍN. Drehbuch: G. G. M. (nach seiner gleichnamigen Erzählung). Mexiko, Kuba, Venezuela, Kolumbien 1979
La increíble y triste historia de la cándida Eréndira y su abuela desalmada. Regie: RUY GUERRA. Drehbuch: G. G. M. (nach seiner gleichnamigen Erzählung). BRD, Frankreich, Mexiko 1983
Cronaca di una morte annunciata. Regie: FRANCESCO ROSI. Drehbuch: F. ROSI, TONIO GUERRA und G. G. M. (nach dessen gleichnamigem Roman). Italien 1986
Un hombre muy viejo de unas alas enormes. Regie: FERNANDO BIRRI. Drehbuch: G. G. M. (nach seiner gleichnamigen Erzählung). Kuba 1988
Amores difíciles (Serie nach sechs Geschichten und Drehbüchern von G. G. M.). 1987–89:
    Fábula de la bella palomera. Regie: RUY GUERRA. Brasilien
    Milagro en Roma. Regie: LISANDRO DUQUE NARANJO. Kolumbien
    Cartas del Parque. Regie: TOMÁS GUTIÉRREZ ALEA. Kuba

Un domingo feliz. Regie: Olegario Barrera. Venezuela
El verano de la señora Forbes. Regie: Jaime Humberto Hermosillo. Mexiko
Yo soy el que tú buscas. Regie: Jaime Chavarri. Spanien

3. Sekundärliteratur

(Da die Literatur zu García Márquez uferlos und in den angegebenen Bibliographien umfassend dokumentiert ist, werden hier nur diejenigen Werke aufgeführt, die für die vorliegende Monographie wichtig waren.)

3.1 Biographien

Collazos, Oscar: Gabriel García Márquez. Sein Leben und sein Werk. Deutsch von Ulli Langenbrinck. Köln 1987
Semskow, Waleri: Gabriel García Márquez. Aus dem Russ. übersetzt und bearbeitet von Klaus Ziermann. Berlin 1990
Sorela, Pedro: El otro García Márquez – Los años difíciles. Biografia. Bogotá 1988

3.2 Werk, Rezeption, literarisches Umfeld

Cebrián, Juan Luís: Retrato de Gabriel García Márquez. Barcelona 1989
Donoso, José: Historia personal del boom. Barcelona 1983
Dorfman, Ariel: Imaginación y violencia en América. Santiago de Chile 1970
du. Nr. 9, September1988: Gabriel García Márquez – Ein Kontinent bricht auf
Earle, Peter G.: Gabriel García Márquez. Madrid 1981
Fernández-Braso, Miguel: La soledad de Gabriel García Márquez. Barcelona 1982
Fuenmayor, Alfonso: Crónicas sobre el grupo de Barranquilla. Bogotá 1978
García Márquez, Eligio: La tercera muerte de Santiago Nasar. Bogotá 1987
Giacoman, H. F. (Hg.): Homenaje a Gabriel García Márquez. New York 1972
Gilard, Jacques: García Márquez, le groupe de Barranquilla et Faulkner. Cahiers du monde hispanique et luso-brésilien. Toulouse 1976
Gullón, Ricardo: García Márquez o el olvidado arte de contar. Madrid 1970
Janik, Dieter: Gabriel García Márquez. In: Lateinamerikanische Literatur der Gegenwart. Hg. von Wolfgang Eitel. Stuttgart 1978
Koenigs, Tom (Hg.): Mythos und Wirklichkeit. Materialien zum Werk von Gabriel García Márquez. Köln 1985
Magazine Litteraire (Sonderheft zu Gabriel García Márquez), November 1981
Maturo, Graciela: Claves simbólicas de García Márquez. Buenos Aires 1972
Mejía Duque, Jaime: Mito y realidad en Gabriel García Márquez. Bogotá 1970

–: Narrativa y neocolonialismo en América Latina. Buenos Aires 1974
–: El otoño del patriarca o la crisis de la desmesura. Medellín 1975
Nueve asedios a García Márquez. Santiago de Chile 1969
PFEIFFER, ERNA: Literarische Struktur und Realitätsbezug im kolumbianischen Violencia-Roman. Frankfurt a. M. / Bern 1984
QUAL, ROSEMARIE: Die Spiegelstadt als Utopie-Metapher. Bonn 1989
RAMA, ANGEL: García Márquez – Edificación de un arte nacional y popular. Montevideo 1987
RAMA, ANGEL, und MARIO VARGAS LLOSA: García Márquez y la problemática de la novela. Buenos Aires 1973
Recopilacíon de Textos sobre Gabriel García Márquez. La Habana 1969
ROLOFF, VOLKER: Die Karnevalisierung der Apokalypse. Frankfurt a. M. 1986
STRAUSFELD, MECHTHILD: Aspekte des neuen lateinamerikanischen Romans und ein Modell: Hundert Jahre Einsamkeit. Frankfurt a. M. / Bern 1976
VARGAS, GERMÁN: Sobre literatura colombiana. Bogotá 1985
VARGAS LLOSA, MARIO: Historia de un deicidio. Barcelona 1971
WILLIAMS, RAYMOND: Una década de la novela colombiana. La experiencia de los setenta. Bogotá 1981

Namenregister

Die kursiv gesetzten Zahlen bezeichnen die Abbildungen

Aguirre, Alberto 66
Alfonsín, Raúl *118*
Allende Gossens, Salvador 88, 95
Angulo, Guillermo 47, 66
Asturias, Miguel Angel 89

Balcells, Carmen 79
Barcha, Mercedes 18, 28, 49, 60, 64, 66f, 69, 78f, 89, 112, *29, 84/85, 104*
Barthes, Roland 90
Bartók, Béla 79
Batista, Fulgencio 60
Beethoven, Ludwig van 79
Benacerraf, Margot 88
Betancur, Belisario 106
Birri, Fernando 113f
Bolívar, Simón 118, 119f, *120*
Borges, Jorge Luis 32f
Botero, Fernando 63
Brassens, Georges 50
Brecht, Bertolt 77

Camus, Albert 54
Cardenal, Ernesto *107*
Carl XVI. Gustaf, König von Schweden *99*
Carlsson, Ingvar *118*
Carpentier, Alejo 8, 80f, 89, *81*
Casares, Maria 83
Castro, Fidel 22, 60, 85, 95f, 98, 113, 122f, *61, 113*
Castro, Raúl 22
Cepeda Samudio, Alvaro 25, 40
Cervantes y Saavedra, Miguel de 7

Chaplin, Geraldine *97*
Cortázar, Julio 8, 30, 80, 82f, 95, *80*

Darío, Rubén 17, 93
De Sica, Vittorio 41
Dickens, Charles 18
Donoso, José 83, *84/85*
Dufau, Graciela 116f

Escalante, Aníbal 64
Escalona, Rafael 39

Faulkner, William 27, 30f, 35, 48, 52, 63, 65, 98, *31*
Flaubert, Gustave 110
Franco y Bahamonde, Francisco 89
Frey, Samy 83
Fuenmayor, Alfonso 25, 28
Fuentes, Carlos 8, 68, 70, 80, 82f, 90f, *81*

Gabaldón, Ricardo 68
Gaitán, Jorge Eliécer 21
Gallegos, Rómulo 36
Gandhi, Rajiv *118*
García, Gabriel Eligio 9f, 13f, 18, 22, 25, 51, 108, *22*
García Barcha, Gonzalo 56, 67, 89
García Barcha, Rodrigo 64f, 89, *104*
García Espinosa, Julio 114
García Márquez, Eligio 86
Gilard, Jacques 41, 105
Gómez de la Serna, Ramón 24
Gomułka, Władysław 57

Gonzáles, Reynold 96
Gorbatschow, Michail S. 116
Goytisolo, Luis 83
Grass, Günter 85
Guerrero, Primo 43f
Guevara, Ernesto «Che» 60, 95
Gutierrez Alea, Tomás 114

Hemingway, Ernest 52, 65, 119, *53*
Humboldt, Alexander von 121

Iguarán, Tranquilina 11f, 14, 19, 40, 68f, 70, 76, *11*
Isaacs, Jorge 63

Jiménez, Juan Ramón 17
Joyce, James 31

Kafka, Franz 18, 68
Kolumbus, Christoph 92, 126

Lessing, Gotthold Ephraim 54
Littín, Miguel *97*
López Michelsen, Alfonso 95
Loren, Sophia 47

Madrid, Miguel de la *118*
Marlborough, John Churchill, Herzog von 40
Márquez Iguarán, Luisa Santiaga 10f, 13f, 19f, 25, 51, 100, 108, *14*
Márquez Mejía, Nicolás Ricardo 10, 12f, 40, 52, 72, *12*
Masetti, Jorge 62, 64f
Mendoza, Plinio Apuleyo 22, 40, 47f, 56f, 59f, 69, *48*
Mitterand, François 95, 98
Montesi, Wilma 47
Mutis, Alvaro 41, 65, 67, 118, *119*

Neruda, Pablo 17, 82, 98, *83*
Nixon, Richard Milhous 60
Nyerere, Julius *118*

Ocampo, Victoria 32
O'Leary, Daniel Florencio 121
Onetti, Juan Carlos 80
Ortega, Daniel 106

Padilla, Heberto 84f, 93
Palacios, José 122
Papandreou, Andreas *118*
Pérez Jiménez, Marcos 60, 90, *59*
Perón, Eva 25
Pinochet Ugarte, Augusto 88, 93, 95, 98, 106, 116, *94*
Pius XII., Papst 47
Puig, Manuel 81

Reyes, Miguel 103
Ripstein, Arturo 68
Rivera, José Eustacio 36, 63
Roa Bastos, Augusto 89
Rodríguez Monegal, Emir 67
Rojas Pinilla, Gustavo 43, 57, 60
Rosi, Francesco 114
Rossanda, Rossanna 100f
Rulfo, Juan 67f, *68*

Sáenz, Manuela 121
Salgari, Emilio 16
Santander, Francisco de Paula 122, 126
Somoza, Anastasio 95, 106
Sophokles 27, 33
Sosa Blanco 61, 88
Stalin, Josef W. 58

Tolstoj, Lev N. 18
Torre, Guillermo de 32f
Torres, Camilo 64
Torrijos, Omar 95f
Turbay Ayala, Gabriel 96

Uribe Uribe, Rafael 11, 72

Vallecilla, Jaime *50*
Vargas, Germán 25, 60
Vargas Llosa, Mario 8, 57, 78, 80, 82, 85, *80, 84/85*
Velasco 45f
Verne, Jules 16
Villegas, Armand *45*
Vinyes, Ramón 25, 27, 32
Volkening, Ernesto 36

Woolf, Virginia 31, 40

Zalamea Borda, Eduardo 18

Über die Autorin

Dagmar Ploetz, Jahrgang 1946, Kindheit und Schulzeit in Argentinien, Studium der Germanistik und Romanistik in München. 1971 bis 1976 Mitherausgabe der «Literarischen Hefte». Zwei Jahre Verlagslektorin, dann freie Journalistin und Übersetzerin. Literaturkritische Arbeiten. «Martin Walser» – Werkheft (hg. zusammen mit M. Borries). Übersetzte aus dem Spanischen Theaterstücke, Hörspiele und Romane u. a. von Mario Vargas Llosa, Manuel Puig, Isabel Allende; zuletzt von Gabriel García Márquez: «Die Liebe in den Zeiten der Cholera», «Liebestirade an einen sitzenden Mann», «Der General in seinem Labyrinth».

Quellennachweis der Abbildungen

Kristina Eriksson, Berlin: 6, 113, 124, 125
Foto: Alexander Tietze, Berlin: 10, 11, 109, 117
Foto: Mario García Joya, Mayito; Sammlung Gabriel García Márquez: 12, 14, 15, 22, 29
du. Die Zeitschrift der Kultur, Zürich: 17, 20, 34/35, 38, 42, 45, 48, 71, 83, 115, 141
Jens Glüsing, Hamburg: 19
Aus: Gary MacEoin und die Redaktion der TIME-LIFE-BÜCHER: Kolumbien, Venezuela und Guayana. TIME-LIFE International (Netherland) N.V. 1969: 23
Aus: Rafael Herrán: Kolumbien. Ein Handbuch. Glückstadt 1927: 26 oben
Bilderdienst Süddeutscher Verlag, München: 26 unten, 37, 59, 73, 118
William Boozer Collection: 31
dpa Hamburg, Bildarchiv: 44, 61 (EPA), 94 (AFP), 99 (Foto: Jan Collsiöö), 111, 123 (Foto: Roland Scheidemann)
Kiepenheuer & Witsch Verlag, Köln: 50, 58, 75 (© B. Pestana, Paris), 87 (© Rodrigo García Barcha), 97 oben (© Archiv Film und Fernsehen, Berlin)
Ullstein Bilderdienst, Berlin: 53, 66, 120
Keystone Pressedienst, Hamburg: 55
ADN Bildarchiv, Berlin: 64, 107
Suhrkamp Verlag, Frankfurt a. M.: 68, 80 links (© Jerry Bauer, Rom), 80 rechts (© Sara Facio), 81 links, 81 rechts
Stiftung Deutsche Kinemathek, Berlin: 69, 97 unten, 101 oben
Aus: Günter W. Lorenz: Die zeitgenössische Literatur in Lateinamerika. Tübingen/Basel 1971: 79
Aus: Juan Luis Cebrián: Retrato de Gabriel García Márquez. Barcelona 1989: 84/85 (Colita), 89 (El Espectador)
Aus: García Márquez habla de García Márquez. Bogotá, D. E. 1979: 91
Deutsches Institut für Filmkunde, Frankfurt a. M.: 101 unten
Studio X, Limours: 104 (Foto: Marie Laure de Decker)
Sipa Press, Paris: 119

rowohlts bildmonographien

Bernhard Jendricke
Alfred Andersch (395)

Erling Nielsen
Hans Christian Andersen (5)

Linde Salber
Lou Andreas-Salome (463)

Helene M. Kastiner Riley
Achim von Armin (277)

Helmut Hirsch
Bettine von Arnim (369)

Gaëtan Picon
Honoré de Balzac (30)

Pascal Pia
Charlse Baudelaire (7)

Christiane Zehl Romero
Simone de Beauvoir (260)

Klaus Birkenhauer
Samuel Beckett (176)

Bernd Witte
Walter Benjamin (341)

Walter Lenning
Gottfried Benn (71)

Klaus Schröter
Heinrich Böll (310)

Peter Rühmkorf
Wolfgang Borchert (58)

Thema Literatur

Marianne Kesting
Bertolt Brecht (37)

Volker H. M. Zotz
André Breton (374)

Werner Waldmann
Charlotte, Emily und Anne Brontë (456)

Ernst Johann
Georg Büchner (18)

Joseph Kraus
Wilhelm Busch (163)

Hartmut Müller
Lord Byron (297)

Morvan Lebesque
Albert Camus (50)

J. Rives Childs
Giacomo Casanova de Seingalt (48)

Elsbeth Wolffheim
Anton Cechov (307)

Anton Dieterich
Miguel de Cervantes (324)

Thomas Degering
Raymond Chandler (377)

Peter Berglar
Matthias Claudius (192)

Peter Nicolaisen
Joseph Conrad (384)

Maria Gazzetti
Gabriele d'Annunzio (407)

Kurt Leonhard
Dante Alighieri (167)

Johann Schmidt
Charles Dickens (262)

Klaus Schröter
Alfred Döblin (266)

Janko Lavrin
Fjodor M. Dostojevskij (88)

Peter Berglar
Annette von Droste-Hülshoff (130)

C 2058/8

rowohlts bildmonographien

Thema Literatur

C 2058/8 a

Heinrich Goertz
Friedrich Dürrenmatt (380)

Paul Stöcklein
Joseph von Eichendorff (84)

Johannes Kleinstück
T.S. Eliot (119)

Jürgen Manthey
Hans Fallada (78)

Peter Nicolaisen
William Faulkner (300)

Reinhold Jaretzky
Lion Feuchtwanger (334)

Jean de la Varende
Gustave Flaubert (20)

Helmuth Nürnberger
Theodor Fontane (145)

Volker Hage
Max Frisch (321)

Franz Schonauer
Stefan George (44)

Claude Martin
André Gide (89)

Peter Boerner
Johann Wolfgang von Goethe (100)

Rolf-Dietrich Keil
Nikolai W. Gogol (342)

Nina Gourfinkel
Maxim Gorki (9)

Georg Bollenbeck
Oskar Maria Graf (337)

Heinrich Vormweg
Günter Grass (359)

Gerhard Scheit
Franz Grillparzer (396)

Hermann Gerstner
Brüder Grimm (201)

Curt Hohoff
Johann Jakob Christoph vom Grimmelshausen (267)

Martin Beheim-Schwarzbach
Knut Hamsun (3)

Ottmar Hinz
Wilhelm Hauff (403)

Kurt Lothar Tank
Gerhart Hauptmann (27)

Hayo Matthiesen
Friedrich Hebbel (160)

Detlef Brennecke
Sven Hedin (355)

Ludwig Marcuse
Heinrich Heine (41)

Georges-Albert Astre
Ernest Hemingway (73)

Bernhard Zeller
Hermann Hesse (85)

Dietrich Gronau
Nâzim Hikmet (426)

Ulrich Häussermann
Friedrich Hölderlin (53)

Gabrielle Wittkop-Ménardeau
E.T.A. Hoffmann (113)

Werner Volke
Hugo von Hofmannsthal (127)

Herbert Bannert
Homer (272)

rowohlts bildmonographien

Dieter Hildebrandt
Ödön von Horváth (231)

Theo Schumacher
Aldous Huxley (368)

Gerd Enno Rieger
Henrik Ibsen (295)

Francois Bondy
Eugène Ionesco (223)

Elsbeth Wolffheim
Hans Henny Jahnn (432)

Hanns-Josef Ortheil
Jean Paul (329)

Jean Paris
James Joyce (40)

Luiselotte Enderle
Erich Kästner (120)

Klaus Wagenbach
Franz Kafka (91)

Bernd Breitenbruch
Gottfried Keller (136)

Adolf Stock
Heinar Kipphardt (364)

Curt Hohoff
Heinrich von Kleist (1)

Paul Schick
Karl Kraus (111)

**Thema
Literatur**

Erika Klüsener
Else Lasker-Schüler (283)

Richard Aldington
David Herbert Lawrence (51)

Curt Hohoff
Jakob Michael Reinhold Lenz (259)

Wolfgang Drews
Gotthold Ephraim Lessing (75)

Wolfgang Promies
Georg Christoph Lichtenberg (90)

Sybil Gräfin Schönfelt
Astrid Lindgren (371)

Thomas Ayck
Jack London (244)

Heribert Hoven
Malcolm Lowry (414)

Hugo Huppert
Wladimir Majakowski (102)

Klaus Schröter
Heinrich Mann (125)

Uwe Naumann
Klaus Mann (332)

Klaus Schröter
Thomas Mann (93)

David A. Jackson
Conrad Ferdinand Meyer (238)

Walter Schmiele
Henry Miller (61)

Hans Egon Holthusen
Eduard Mörike (175)

Friedrich Hartau
Molière (245)

Uwe Schultz
Michel de Montaigne (442)

Martin Beheim-Schwarzbach
Christian Morgenstern (97)

C 2058/8 b

rowohlts bildmonographien

Wilfried Berghahn
Robert Musil (81)

Donald E. Morton
Vladimir Nabokov (328)

Otto Basil
Johann Nestroy (132)

Gerhard Schulz
Novalis (154)

Marion Giebel
Ovid (460)

Walter Lennig
Edgar Allen Poe (32)

Claude Mauriac
Marcel Proust (15)

Gudrun Ziegler
Alexander S. Puschkin (279)

Hans Oppermann
Wilhelm Raabe (165)

Michael Töteberg
Fritz Reuter (271)

Hans Egon Holthusen
Rainer Maria Rilke (22)

Yves Bonnefoy
Arthur Rimbaud (65)

Herbert Günther
Joachim Ringelnatz (96)

Thema Literatur

Helmuth Nürnberger
Joseph Roth (301)

Paul Mayer
Ernst Rowohlt (139)

Walter Lennig
Marquis de Sade (108)

Luc Estang
Antoine de Saint-Exupréry (4)

Renate Wiggershaus
George Sand (309)

Marion Giebel
Sappho (291)

Friedrich Burschell
Friedrich Schiller (14)

Ernst Behler
Friedrich Schlegel (123)

Hartmut Scheible
Arthur Schnitzler (235)

Jean Paris
William Shakespeare (2)

Hermann Stresau
George Bernhard Shaw (59)

Nicole Geeraert
Georges Simenon (471)

Manfred Linke
Carl Sternheim (278)

Urban Roedl
Adalbert Stifter (86)

Hartmut Vincon
Theodor Storm (186)

Peter Schütze
August Strindberg (383)

Justus Franz Wittkop
Jonathan Swift (242)

Fritz Heinle
Ludwig Thoma (80)

Bill Read
Dylan Thomas (143)

Wolfgang Rothe
Ernst Toller (312)

Janko Lavrin
Leo Tolstoj (57)

C 2058 /8 c

rowohlts bildmonographien

Ilse Storb
Louis Armstrong (443)

Luc-André Marcel
Johann Sebastian Bach (83)

Everett Helm
Béla Bartók (107)

Fritz Zobeley
Ludwig van Beethoven (103)

Volker Scherliess
Alban Berg (225)

Wolfgang Dömling
Hector Berlioz (254)

Hans A- Neunzig
Johannes Brahms (197)

Karl Grebe
Anton Bruckner (190)

Camille Bourniquel
Frédéric Chopin (25)

Jean Barraqué
Claude Debussy (92)

Kurt Honolka
Antonin Dvořák (220)

Fritz Hennenberg
Hanns Eisler (370)

Hanspeter Krellmann
George Gershwin (418)

Thema Musik

Nikolaus de Palézieux
Christoph Willibald Gluck (412)

Richard Friedenthal
Georg Friedrich Händel (36)

Pierre Barbaud
Joseph Haydn (49)

Giselher Schubert
Paul Hindemith (299)

Alan Posener
John Lennon (363)

Everett Helm
Franz Liszt (185)

Hans Christoph Worbs
Albert Lortzing (281)

Wolfgang Schreiber
Gustav Mahler (181)

Hans Christoph Worbs
Felix Mendelssohn Bartholdy (215)

Heinz Becker
Giacomo Meyerbeer (288)

Wulf Konold
Claudio Monteverdi (348)

Aloys Greither
Wolfgang Amadé Mozart (77)

Hans Christoph Worbs
Modest P. Mussorgsky (247)

P. Walter Jacob
Jacques Offenbach (155)

Lilo Gersdorf
Carl Orff (293)

Johann Peter Vogel
Hans Pfitzner (386)

Clemens Höslinger
Giacomo Puccini (325)

Vladimir Jankélévitch
Maurice Ravel (13)

Helmut Wirth
Max Reger (206)

C 2055 /7

rowohlts bildmonographien

Volker Scherliess
Gioacchino Rossini
(476)

Michael Stegemann
Camille Saint-Saëns
(389)

Eberhard Freitag
Arnold Schönberg
(202)

Detlef Gojowy
Dimitri Schostakowitsch (320)

Marcel Schneider
Franz Schubert (19)

André Boucourechliev
Robert Schumann (6)

Kurt Honolka
Bedrich Smetana (265)

Norbert Linke
Johann Strauss (304)

Walter Deppisch
Richard Strauss (146)

Wolfgang Dömling
Igor Strawinsky (302)

Karl Grebe
Georg Philipp Telemann (170)

Everett Helm
Peter I. Tschaikowsky
(243)

Thema Musik

Hans Kühner
Giuseppe Verdi (64)

Michael Stegemann
Antonio Vivaldi (338)

Hans Mayer
Richard Wagner (29)

Michael Leinert
Carl Maria von Weber
(268)

Hanspeter Krellmann
Anton Webern (229)

Andreas Dorschel
Hugo Wolf (344)

C 2055 /7 a

rowohlts bildmonographien

Thema Kunst

Catherine Krahmer
Ernst Barlach (335)

Heinrich Goertz
Hieronymus Bosch (237)

Kurt Leonhard
Paul Cézanne (114)

Juerg Albrecht
Honoré Daumier (326)

Dietrich Schubert
Otto Dix (287)

Franz Winzinger
Albrecht Dürer (177)

Lothar Fischer
Max Ernst (151)

Gertrud Fiege
Caspar David Friedrich (252)

Herbert Frank
Vincent van Gogh (239)

Jutta Held
Francisco de Goya (284)

Lothar Fischer
George Grosz (241)

Michael Töteberg
John Heartfield (257)

Peter Anselm Riedl
Wassilij Kandinsky (313)

Carola Giedion-Welcker
Paul Klee (52)

Catherine Krahmer
Käthe Kollwitz (294)

Norbert Huse
Le Corbusier (248)

Kenneth Clark
Leonardo da Vinci (153)

Jost Hermand
Adolph Menzel (361)

Heinrich Koch
Michelangelo (124)

Liselotte v. Reinken
Paula Modersohn-Becker (317)

Mathias Arnold
Edvard Munch (351)

Wilfried Wiegand
Pablo Picasso (205)

Christian Tümpel
Rembrandt (251)

Ernst Nündel
Kurt Schwitters (296)

Matthias Arnold
Henri de Toulouse-Lautrec (306)

Lothar Fischer
Heinrich Zille (276)

C 2056/7